源氏の血脈

武家の棟梁への道

野口　実

講談社学術文庫

目次

武門源氏略系図

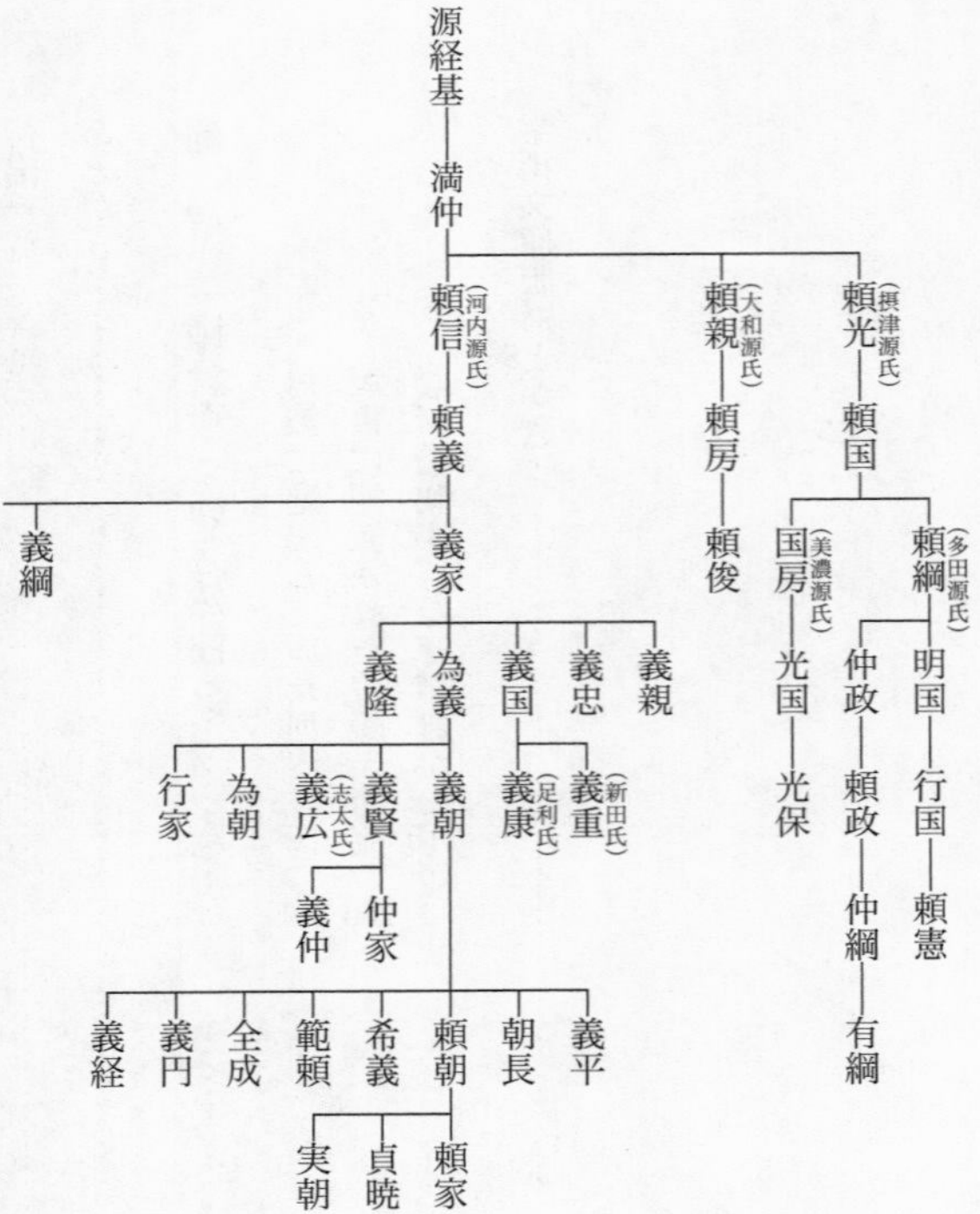

源経基
満仲
頼光（摂津源氏）
頼国
頼綱（多田源氏）
明国
行国
頼憲
仲政
頼政
仲綱
有綱
国房（美濃源氏）
光国
光保
頼親（大和源氏）
頼房
頼俊
頼信（河内源氏）
頼義
義家
義綱
義親
義忠
義国
義重（新田氏）
義康（足利氏）
為義
義隆
義朝
義賢
義広（志太氏）
為朝
行家
仲家
義仲
義平
朝長
頼朝
希義
範頼
全成
義円
義経
頼家
貞暁
実朝

天皇家略系図（数字は皇位継承の順序）

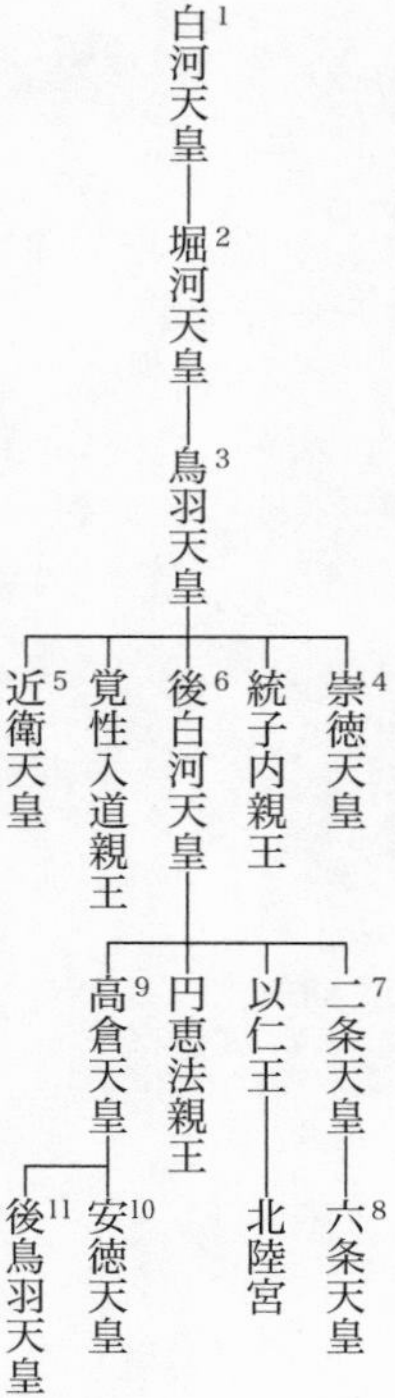

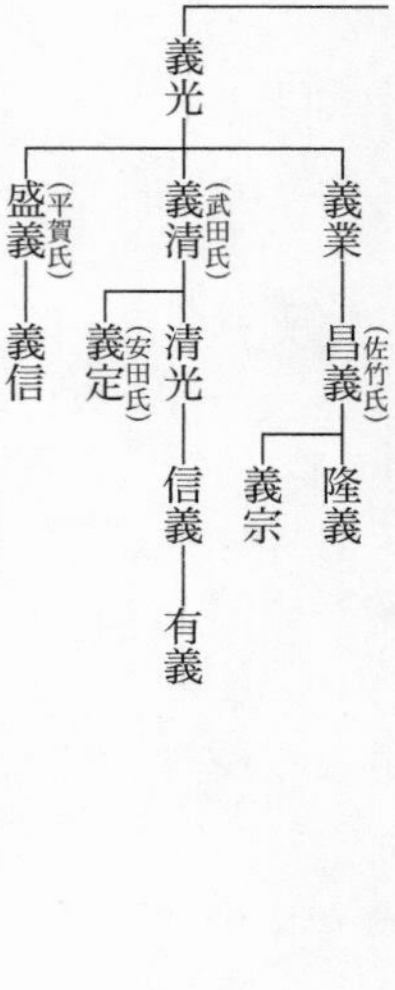

源氏の血脈

武家の棟梁への道

序章　日本中世の幕開けと武門源氏

鎌倉幕府の成立が日本中世の本格的な開始を意味するものだとすると、その立役者は源氏ということになる。鎌倉幕府の成立は、房総《ぼうそう》で起きた平忠常《ただつね》の乱を鎮圧した頼信《よりのぶ》以下、武門《ぶもん》源氏歴代の東国における軍事活動の帰結として捉えられる。軍記・説話類の伝えるところによれば、東国各地に根を張る在地の武士たちは、前九年《ぜんくねん》合戦の頼義《よりよし》（頼信の子）、後三年《ごさんねん》合戦の義家《よしいえ》（頼義の子）ら歴代の源氏の大将との間に情宜《じょうぎ》的なうるわしい主従関係を結んでいったという。

川合康氏は、そのような「頼義以来、源氏と東国武士の間には確固たる主従関係が存在した」という観念が、平泉《ひらいずみ》藤原《ふじわら》氏を滅ぼした奥州合戦（一一八九年）の際、鎌倉勢進軍の日程が意図的に前九年合戦における頼義のそれに合致させられたことに示される、まさに「政治」的な作為として頼朝《よりとも》によって捏造《ねつぞう》されたものであることを指摘している[1]。

このイデオロギーは、鎌倉時代の末期、幕府によって編纂《へんさん》された歴史書『吾妻鏡《あずまかがみ》』にも色濃く反映されていて、それが後世の、特に武家社会を構成する人々の歴史認識を形作ったのである。源氏の一族と幕府の草創に活躍した三浦《みうら》・千葉《ちば》氏らの後裔《こうえい》こそが正統な武家であるという観念、すなわち、近世さらには近代にまで尾を引いた、いわば武家社会の「血統事大主義」は、その副産物といえるのである。

武士なるものは、律令制の乱れを原因に地方社会の治安が失われたことにより、農民が自衛のために武装したことで成立したものであり、源氏はその貴種性と卓抜した戦士としての技量によって草深い東国の無知蒙昧《もうまい》な武者たちを組織し、畿内《きない》を中心に形成されていた王朝国家から自立した国家・王権として鎌倉幕府は発展を遂げてゆく。日本における中世の成立は、東国の在地社会を基盤とした質実剛健な武士たちを率いた源氏が、都市の退廃の中で貴族化した平家を討ち滅ぼしていく過程にオーバーラップする。そして、そこに成立した政治権力(鎌倉幕府)の担い手である武士＝御家人《ごけにん》は在地領主であり、それゆえ都から隔絶した在地社会こそが武士成立の温床であった。かくして、自給自足的な中世封建社会は武士勢力の成長とともに形成された。

こうした図式や理解は広く人口に膾炙《かいしゃ》している。

しかし、近年の研究(2)によるならば、武士は生産・流通に依拠する都市的な存在であり、鎌倉幕府も平家政権と同様に国家・王権を守護するための軍事権門《けんもん》として成立したものであった。政権の所在地は鎌倉という遠隔地になったが、その先蹤《せんしょう》は清盛の福原《ふくはら》に求めることができる。

平家もそうであったが、頼朝とその後継者が当時の東国武士一般のあり方と同様に東国の経営と在京活動を分業する形で行う計画を持っていた可能性は大きく、北条《ほうじょう》氏による六波羅《ろくはら》探題《たんだい》設置はその方針を踏襲したものといえるのである。

そもそも、草創期頼朝政権の中核を担ったのは、京都・西国出身の吏僚《りりょう》（大江広元《おおえのひろもと》ら）と武士（佐々木《ささき》氏・加藤《かとう》氏ら）であり、将軍御所の空間構造も基本的には権門貴族の邸宅の身分秩序を踏襲するものであった。したがって、頼朝政権の成立を重大な画期とする通説的な理解は相対化されるべきところがある。

武門源氏と東国武士の間の譜代的な主従関係は頼義・義家の時代にまでさかのぼるものではなく、頼朝政権の革新性が相対化されるとするならば、為義《ためよし》（義家の子。一八頁参照）の世代以降の源氏歴代の政治的動向のみならず、その人物についても、あらためて検討が加えられて然《しか》るべきであろう。本書は、そのような意図のもとに、私がこれまで執筆した為義・義朝《よしとも》・頼朝・義経《よしつね》に関わる論文やエッセーを再構成したものである。

為義は、義家とその弟義綱《よしつな》の対立、義親《よしちか》（為義の長兄）の反乱、義忠《よしただ》（為義の次兄）の横死などによって著しく勢力失墜した河内《かわち》源氏の再興を生涯の課題としたにもかかわらず粗暴な振る舞いが多く、そのため、院からも疎外されて、受領《ずりょう》（任国に赴任して実務をつとめる国守《こくしゅ》）に任じられることもなく、官は検非違使《けびいし》・左衛門《さえもんのじょう》尉にとどまったというのが通説である。

しかし、彼の粗暴の背景には家人《けにん》の保護を一義的に考えたことによる側面が見出せ、また、子息たちを列島各地の交通・流通の拠点に配置して地方の武力を直接掌握しようとする先鋭的な方策をとっていたことも看取できる。官職も当時の衛門府《えもんふ》の尉《じょう》（三等官）がすべて少尉《しょうじょう》であったのに、彼の場合は一階上の大尉《だいじょう》であった。院権力から疎外されたために、やむをえず摂関家（摂政・関白に補任《ぶにん》される家で、藤原氏の嫡流《ちゃくりゅう》）に従属したという見方もあるが、それは、院政期の摂関家が没落過程にあったとする見方に基づくもので、実は院政期、保元の乱以前の摂関家は独自の軍事力を備えた複合権門として大きな勢力を築いていたことが明らかにされている。(3) 為義は武門源氏の凋落《ちょうらく》期に不遇をかこっていたとばかりは言いがたいのである。

義朝については、従来、彼こそ為義の嫡子であり、保元の乱では心ならずも父や弟たちと敵対することとなって、その斬首に涙したというのが通説的な認識であった。しかし、これらがほとんど事実に反するということが、最近、元木泰雄氏によって明らかにされている。(4)

彼は東国における在地勢力間の対立を調停することによって、坂東《ばんどう》に一時の平和をもたらし、彼らを自らの武力として編成した。そして、その実績をもって専制君主鳥羽《とば》院の信任を得、保元の乱の勝利によって源氏嫡流の地位を確立したのであった。

通説において平清盛との対立という図式で描かれる平治の乱への参戦は、彼の主体的な意思によるというよりも、武器・武具の材料や名馬を産する陸奥《むつ》・武蔵《むさし》両国を知行《ちぎょう》下に置いて国家の軍事を管掌する立場にあった藤原信頼《のぶより》との提携関係によるものであった。結果的に彼は悲惨な最期を迎えることとなるが、後白河院《ごしらかわ》（父である鳥羽院が死んだ二年後に院政を開始した）の近臣として培った人脈と乱中の除目《じもく》（官職任命の儀式）で獲得した貴族社会における高いステイタスは嫡子頼朝に受け継がれ、彼の構築した「坂東の平和」の記憶とともに、頼朝の挙兵の成功に大きく資することとなるのである。

頼朝は、後白河院の母待賢門院《たいけんもんいん》（璋子《たまこ》）や姉の上西門院《じょうさいもんいん》（統子《むねこ》）に仕えた熱田大宮司《あつただいぐうじ》家を出自とする女性を母としており、上西門院や二条《にじょう》天皇の蔵人《くろうど》をつとめる公達《きんだち》として、貴族社会における栄達が期待される存在であった。平治の乱後、二十年の流人《るにん》生活を送るが、その間も京都とのネットワークは維持され、治承《じしょう》四年（一一八〇）の挙兵そのものが、後白河院や周辺勢力との連絡のもとに行われていた。ちなみに、頼朝とほぼ同時に、信濃《しなの》で兵を挙げた木曽《きそ》義仲《よしなか》も『平家物語』の中に描かれたような野蛮人などではなく、基本的には王朝社会の秩序に忠実な存在であったことが明らかにされている。[5]『平家物語』が、東国武士と西国武士、源氏と平氏、義経と異母兄範頼《のりより》といったように物事を対立的に描くことによって、面白さを増幅させる手法をとった文学作品であることが実証的に判明しているのである。

義経についても、彼の無二の郎等《ろうどう》とされる佐藤《さとう》兄弟（継信《つぐのぶ》と忠信《ただのぶ》）が平泉藤原氏・秀衡《ひでひら》の影響下にあった陸奥国南部《なんぶ》の有力武士であり、彼らを伴った義経の頼朝参向の背後には秀衡の支援のあったこと、頼朝は義経を後継者（「御曹司」）に擬するほど厚遇し、義経が院軍事力の担い手として、かつての平家に似た立場を志向するに至るまでは、その排斥など考えてはいなかったことなどが、これまた元木泰雄氏によって明らかにされている。(6) 頼朝の怒りを買った義経が、許しを乞うてしたためたとされる「腰越状《こしごえじょう》」は後世の偽作だったのである。

以上、為義から義経に至る源氏歴代に関する最近の研究成果を概観してみたが、そこからうかがえるのは、源氏が武家政権樹立に向けて進んでいった道程というのは、その貴族としての身分を上昇させていく過程にほかならず、これまでの「地方武士の輿望《よぼう》を担った」というような、下からの動きを重視した見方を相対化すべきである、ということであろう。貴族対武士、東国対西国（京都）というような図式で日本中世の開幕を語るのは分かりやすくてよいのだが、少なくとも専門的な歴史叙述においては、それだけで済ませることができなくなったのである。

本書には、ちょうどこうした認識を導き出した研究が世に問われつつある時期に執筆した、為義・義朝・頼朝・義経に関係する旧稿を収録している（章によっては、旧稿の一部を再編成したものもある）。したがって、現段階の私自身の理解とは異なるパラダイム（枠組み）のもとで述べられている部分もあろうかと思う。賢明な読者には、そのあたりの吟味を楽しんでいただきたい。構成は世代ごとになっているが、どの章からお読みいただいても、それぞれが完結した内容になっているはずである。

注

（1）川合康『源平合戦の虚像を剝ぐ』（講談社、一九九六年）

（2）髙橋昌明『武士の成立　武士像の創出』（東京大学出版会、一九九九年）、同『平清盛　福原の夢』（講談社、二〇〇七年）、野口実「「東国武士」の実像」（高橋修編『実像の中世武士団――北関東のもののふたち』高志書院、二〇一〇年）、同「京都七条町から列島諸地域へ」（入間田宣夫編『兵たちの時代Ⅱ　兵たちの生活文化』高志書院、二〇一〇年）

（3）元木泰雄『藤原忠実』（吉川弘文館、二〇〇〇年）、同『保元・平治の乱を読みなおす』（日本放送出版協会、二〇〇四年）

（4）元木泰雄「源義朝論」（『古代文化』五四―六、二〇〇二年）

（5）長村祥知「木曽義仲の畿内近国支配と王朝権威」（『古代文化』六三―一、二〇一一年）

（6）元木泰雄『源義経』（吉川弘文館、二〇〇七年）

第一章　構想する為義——列島ネットワークの構築

【略伝】源為義（一〇九六～一一五六）

平安末期の京武者《きょうむしゃ》。通説では義家の嫡男義親の四男とされるが、最近、佐々木紀一氏が北酒出本《きたさかいでぼん》『源氏系図』などに基づいて義家の実子であったことを明らかにしている（「源義忠の暗殺と源義光」『山形県立米沢女子短期大学紀要』四五、二〇〇九年）。六条判官《ほうがん》と号す。

義親が西海道で謀叛《むほん》を起こしたことにより、義家の継嗣《けいし》となった義忠（義親の弟）の養子となる。しかし、天仁《てんにん》二年（一一〇九）二月、義忠が暗殺されたため、河内源氏の嫡流を継承し、翌月、義忠暗殺の犯人とされた義綱（義家の弟）追討の功によって左衛門尉に任じられた。

その後、都の武者として僧兵強訴《ごうそ》の防衛にあたり、大治《だいじ》四年（一一二九）までには検非違使に補されていたことが知られる。しかし、彼は武士社会の主従結合を重んじるあまり、その郎等ともども反社会的行動が多く、平家のように院や貴族の支持を得ることなく、保延《ほうえん》二年（一一三六）十月、左衛門尉を辞任。その後、十年間を無官で過ごした。

この間、院に重用された平家に対して、摂関家への接近をはかり、康治《こうじ》二年（一一四三）十月、藤原頼長《よりなが》に臣従の礼をとった。久安《きゅうあん》二年（一一四六）正月、左衛門大尉《さえもんのだいじょう》に補《ぶ》任《にん》されて、再び検非違使となった。彼は長男義朝を坂東で、八男為朝《ためとも》を鎮西《ちんぜい》（九州）で育てるなど、京都周辺のみならず全国的な主従関係の形成・拡大につとめたが、久寿《きゅうじゅ》元年（一一五四）十一月、為朝が鎮西で濫行《らんぎょう》をはたらいたのを制止せず、召喚を怠ったことを理由にまたしても解官《げかん》された。

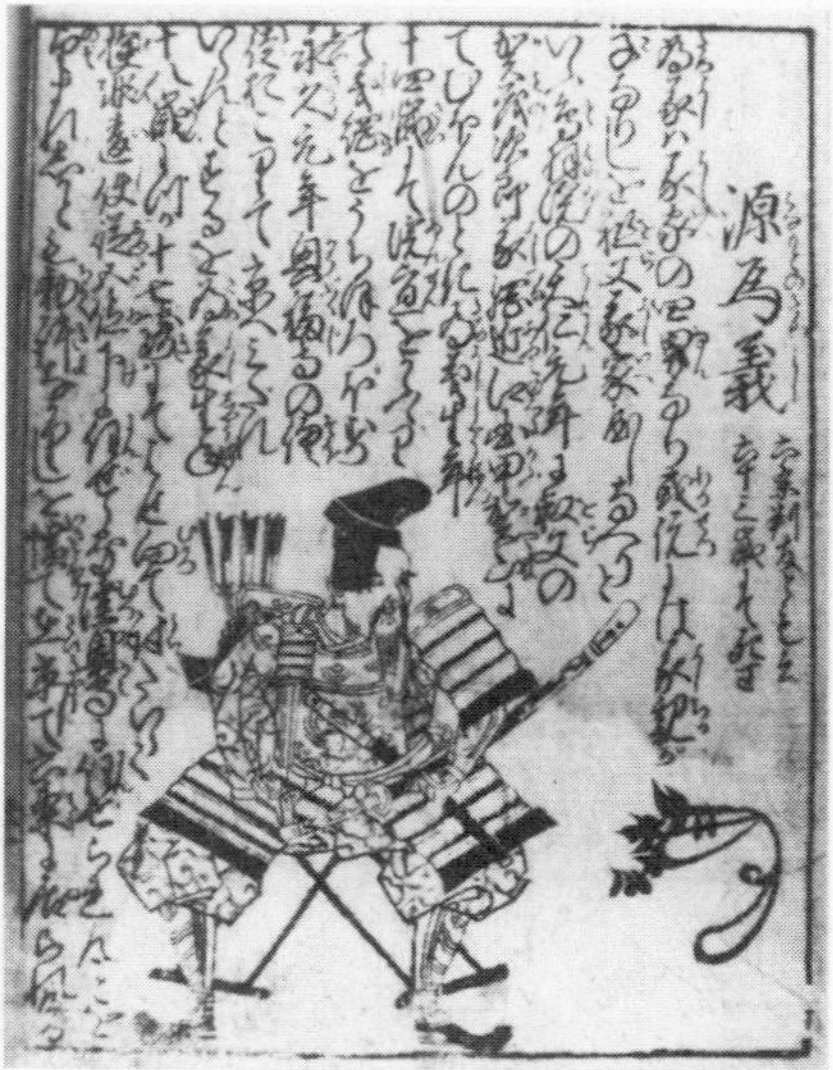

源為義　「本朝百将伝」（国文学研究資料館蔵）より

保元の乱では、崇徳《すとく》上皇方として内裏《だいり》への先制攻撃を主張したが容《い》れられず、敗戦ののち義朝を頼って自首したが許されず、京都船岡山《ふなおかやま》辺で斬られた。

1　武士の長者と権門の爪牙

「京武者」たちの盟主

一般に「武家の棟梁《とうりょう》」といえば源氏。その中でも、義家こそがその代表格と見なされている。しかし、武家の棟梁とは、地方武士の要求を中央の政治に反映できる地位に立つ存在として規定されるべき概念であり、そのような存在の出現は保元の乱を待たなければならない。源氏でいうならば、最初の武家の棟梁は義朝ということになるであろう。近年、元木泰雄氏をはじめとする「武士論」研究者の間では、このような認識が一般的であり、私も同意見である。

義家の段階では、河内源氏は京都を活動の場とする貴族社会の一員であり、その武力の主体は畿内近国で編成した郎従であって、せいぜい同じように在京して諸権門に奉仕していた美濃《みの》源氏などをはじめとする「京武者」たちの盟主的な立場を占めるにすぎなかった(1)。後三年合戦における義家の活躍は広く人口に膾炙しているが、彼と東国武士たちは所領を媒介とするような主従関係で結ばれていたわけではなく、両者の関係は戦争期間の一時的で情宜的なものと捉えられるべきものだったのである。

しかし、義家がすぐれた武将であったことは疑いのないところである。前九年合戦の経過を記した『陸奥話記《むつわき》』を見よう。天喜《てんぎ》五年（一〇五七）冬の黄海《きのみ》（岩手県一関市）の戦いの記事に、義家は以下のように描かれる。

将軍（頼義）の長男義家、驍勇《ぎょうゆう》絶倫にして騎射《うまゆみ》は神のごとし。白刃《はくじん》を冒して重囲《じゅうい》を突き、賊の左右に出《い》でて、大鏃《おおやじり》の箭《や》をもってしきりに賊帥《ぞくすい》を射る。矢は空《むな》しく発《はな》たず、中《あた》る所必ず斃《たお》る。雷《いかづち》のごとくに奔《はし》り風のごとくに飛びて、神武命世《じんむめいせい》なり。夷人《いじんなび》靡き走りて、敢《あ》えて当る者なし。

時に義家は十九歳（数え年。以下同様）であった。康平《こうへい》五年（一〇六二）小松柵《こまつのさく》（一関市）の陥落後、頼義の陣地に安倍貞任《あべのさだとう》の大軍が押し寄せてきた時の合戦でも、義家は弟の義綱とともに目覚ましい活躍を見せ、翌年、合戦の勲功賞として従五位下出羽守《じゅごいのげでわのかみ》に叙任されている。

延久《えんきゅう》二年（一〇七〇）、当時下野守《しもつけ》であった義家は、隣国陸奥で国守 源 頼俊《みなもとのよりとし》に反抗した藤原基通《もとみち》を捕らえている。頼俊は、義家の祖父頼信《よりのぶ》の兄弟で「殺人の上手」（『御堂関白記《みどうかんぱくき》』寛仁《かんにん》元年〈一〇一七〉三月十一日条）といわれた頼親《よりちか》（大和《やまと》源氏の祖）の孫である。その頼俊が鎮圧できなかった事件をおさめた義家の評価は、いやが上にも高まらざるをえなかったであろう。

八幡太郎はおそろしや

中御門《なかみかど》（藤原）宗忠《むねただ》の日記『中右記《ちゅうゆうき》』には、「天下第一の武勇の士」（承徳《じょうとく》二年〈一〇九八〉十月二十三日条）とか「誠に大将軍に足る」（嘉承《かじょう》元年〈一一〇六〉七月十六日条）と、武将としての義家を高く評価する記述が見られる。しかし同じ『中右記』でも別の箇所では、「義家朝臣《あそん》は、年来武士の長者として、多く罪無き人を殺すと云々《うんぬん》。積悪《せきあく》の余り、遂《つい》に子孫に及ぶか」（天仁元年〈一一〇八〉正月二十九日条）と、罪なき人々への殺戮《さつりく》を繰り返した積悪の報いで、子の義親が謀叛人として追討される羽目になったのだと、手厳しい批判が加えられている。

史上有名な後三年合戦においても、義家は恩賞を求めるあまりに、ことさらに事態を紛糾させ、不必要な殺戮を行っているが、それは実に残虐・苛烈なものであった。『奥州後三年記』には、以下のような惨《むご》たらしい話が伝えられている。

金沢柵《かねざわのさく》（秋田県横手市金沢）に籠城《ろうじょう》した清原《きよはら》軍に対して義家は兵粮《ひょうろう》攻めの策をとり、これに耐えきれず柵から出てきた女や子供は容赦なく斬殺した。こうすれば柵から出るものはなくなり、食料が早く尽きるからである。

柵が陥落すると、義家軍の兵たちは金沢柵に乱入して清原軍の兵を虐殺し、「逃ぐる者は千万が一人なり」という凄惨な光景が現出された。柵内の美女たちは分捕られて慰みものにされ、夫を殺された妻は鉾《ほこ》に刺された夫の首を追い求めたという。

また、降伏した清原武衡《たけひら》が助命を請うたのに対して、義家は「たゝかひの場にいけどりせられてみだりがはしく片時《かたとき》のいのちををしむ。かれをば降人といふべしや」と言って斬殺。さらに、籠城中、包囲していた義家軍の兵たちに、前九年合戦の際、源氏が清原氏に臣従の礼をとったことを喧伝《けんでん》・吹聴《ふいちょう》した武衡の従僕の平千任《たいらのちとう》を憎むあまり、歯を金箸《かねはし》で突き破って舌を引き出して切らせ、その身を木に吊《つる》して、その足の下に主人である武衡の首を置くという冷酷残忍な刑罰を科している。

この『奥州後三年記』の記事が必ずしも事実を伝えているとはいえないが、貴族から「多く罪無き人を殺す」と非難され、民衆から「わし（鷲）のすむみやまには、なべてのとり（鳥）はすむものか、おなじき源氏と申せども、八幡太郎《はちまんたろう》（義家）はおそろしや」（『梁塵秘抄《りょうじんひしょう》』巻第二）と今様《いまよう》に歌われ、恐れられた義家の実像にオーバーラップする話といえよう。

義家神格化の背景

義家が武将としてすぐれた資質を持ち、また並み居る軍事貴族のトップの地位に立つことができたのはなぜだろうか。また、後世になって、彼があたかも武門源氏の始祖のごとく賛美・礼賛されるに至ったのはなぜか。

この二つの疑問に対する回答は義家の血統に帰着する。義家は長暦《ちょうりゃく》三年（一〇三九）、源頼義と平直方《なおかた》の娘との間に生まれた。直方は平将門《まさかど》の乱を鎮定した平貞盛《さだもり》の嫡流として活躍する、都に名だたる軍事貴族であった。しかし、彼は房総で反乱を起こした平忠常の追討に失敗し、王権と国家の守護を家業とする貴族、すなわち武門（軍事貴族）としての名誉を大いに傷つけてしまったのである。それを挽回《ばんかい》する策としたのが、自らの血統を、乱の鎮圧者となった源頼信の血統と合体させ、坂東支配の拠点としていた鎌倉を譲渡するという方法であった。首尾よく頼信の嫡子である頼義を婿に迎えた直方は、八幡太郎義家、賀茂次郎《かものじろう》義綱、新羅三郎義光《しんらのさぶろうよしみつ》の三人の武勇にすぐれた外孫に恵まれることとなる。義家は誕生した時点で、父方からは最強の軍事的実力を、母方からは伝統的な軍事的地位を継承すべき立場を獲得し、名実ともに「武士の長者」「天下第一の武勇の士」としての人生を歩み始めたのであった。

しかし、頼朝が奥州合戦に際して前九年合戦の再現という形をとることによって自らを頼義とオーバーラップさせ、東国武士が頼義以来源氏の家人であったことを認識させた(2)ことに示されるように、鎌倉幕府成立の頃、源氏の武芸故実の祖は頼義と意識されていた。これが義家に移行する理由として指摘できるのは以下の二点である。

まず、北条氏が平直方の子孫を称していたことである。頼朝を婿とした北条時政《ときまさ》は、自分を直方に、娘の政子《まさこ》を義家の母になぞらえたのであろう。このことは、頼朝と政子の間に生まれた嫡男に頼家《よりいえ》という名がつけられたことからも明白である。頼家は失脚のうえ弑殺《しいさつ》される運命をたどるが、鎌倉幕府の主権者となった北条氏のアイデンティティの一つが、先祖の直方が義家の外祖父たることに求められたのは重要であろう。

平氏・源氏関係系図

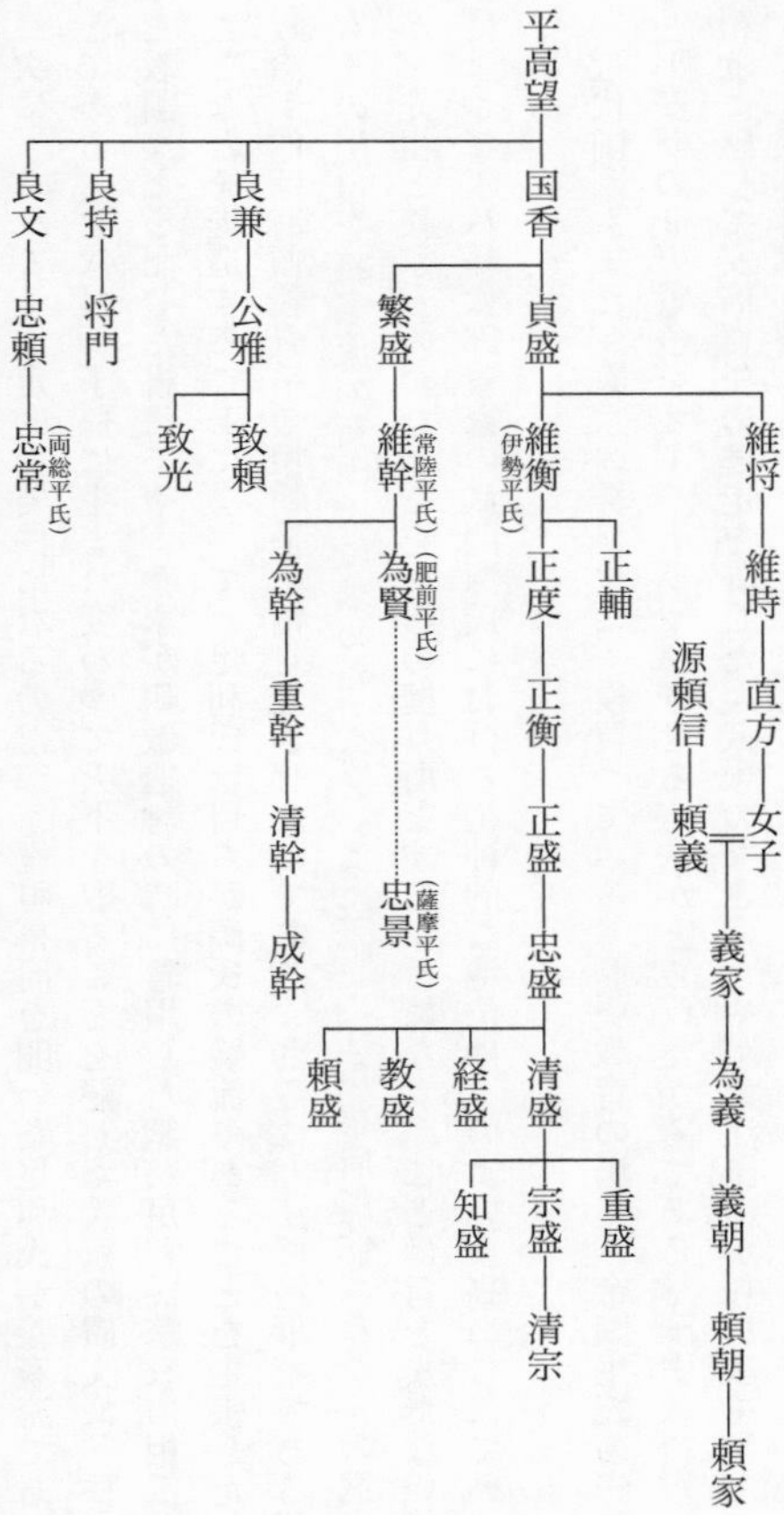

次に、これこそ決定的な要件になるのだが、室町幕府を開いた足利《あしかが》氏が義家流であったことである。七代目の子孫に生まれ変わって天下を取ることを記した義家の置文《おきぶみ》（子孫に宛てた教訓などを記した書状）や、義家が朝敵追討の時に着用した鎧《よろい》が足利氏宗家《そうけ》に相伝されたことなどを捏造《ねつぞう》することによって、足利氏は自らが源氏の嫡流であることを主張した。この政治工作は、頼義直系の頼朝系を相対化させたのである。(3) さらに、江戸将軍家である徳川《とくがわ》氏もその出自を義家流の新田《にった》氏に求めた。かくして室町・江戸幕府に仕えた多くの武士たちが、先祖と義家とのつながりを自らの拠《よ》り所《どころ》とするようになったことは言をまたない。これによって、八幡太郎義家の武門源氏における祖神的な地位は、いよいよ高められていったのである。

近代国家もまた、義家の神格化に一役買っている。歴史教育の場で、帝国主義の膨張政策と平安期の征夷戦争をオーバーラップさせる方法がとられたからである。国史教科書には、和歌に感じて安倍貞任の逃走を許した「武士のなさけ」や、大江匡房《まさふさ》から兵法を学んでいたために、雁《かり》が列を乱していることから敵の伏兵を知ったという、後世に成立した説話に基づくエピソードが紹介され、義家は知勇兼備の名将として、国民一般に広く親しまれるに至ったのである。

河内源氏の衰退と為義の立場

康和《こうわ》四年（一一〇二）、義家の嫡子義親が、鎮西を舞台に濫行をはたらいた罪により、隠《お》岐《き》に配流《はいる》された。ところが、義親は隠岐を脱出して出雲《いずも》に渡り、近隣諸国を巻き込んだ反乱を引き起こした。これを鎮圧したのが伊勢《いせ》平氏の平正盛《まさもり》（清盛の祖父）であり、以後、軍事貴族としての源平の地位は逆転する。

義親の死後、義家の後継者に立てられた義忠も一族の内紛によって殺害され、義家の四男の為義がこれに代わった。為義は、義忠殺害犯とされた義綱一族を追討した功によって、天仁二年（一一〇九）三月、左衛門尉《さえもんのじょう》に補任されたが、その後、終生受領に任命されることもなく、平氏の登用をはかる白河《しらかわ》院に疎《うと》まれて源氏の地位を失墜させ、ついには保元の乱に敗れて、子息義朝に処刑されるという人生を送る。これが彼についての通説的な理解であり、河内源氏一流にあって、その評価は必ずしも芳《かんば》しいものとは言いがたい。

しかし、白河院が源氏抑圧の方策をとった徴証はみられず、かえって義家の跡を継いだ為義を側近の武力として重視していた形跡が強い。彼が白河・鳥羽両院の権力から疎外されることになった理由は、彼とその郎従たちによる粗暴な行動によるものであり、その結果、彼は摂関家の忠実《ただざね》・頼長父子に臣従する道を選ぶことになったのである(4)。

貴族社会における家格の低落によって、在京軍事貴族の盟主としての地位を失いはしたものの、河内源氏嫡流には歴代によって錬磨・継承されてきた武芸や合戦に資する情報が蓄積されていた。また、為義は受領への補任は達せられなかったが、摂関家に祗候《しこう》した直後の康治元年（一一四二）頃に従五位下に叙せられ、久安二年（一一四六）正月には左衛門大尉《さえもんのだいじょう》に任じられ、さらに検非違使の宣旨《せんじ》をこうむっている。ここで得た為義の立場について、米谷豊之祐氏は、「上級貴族に対しても容易に膝を屈することがない独往の姿勢を保ち得た」と評価される(5)。

当時、在京軍事貴族が任じられる衛門府における官職は少尉ないし権少尉《ごんのしょうじょう》（権は「仮の」の意味）であり、大尉の例は管見の限り見当たらない。大尉補任の有名な事例としては、建久《けんきゅう》二年（一一九一）に鎌倉幕府の政所別当《まんどころべっとう》であった中原《なかはら》（大江）広元《ひろもと》が左衛門大尉・検非違使に補された例があるが、広元は文官であり、明法家《みょうぼうか》としての起用であった。ただ、ここで注目すべきは、広元がすでに因幡《いなば》守の前歴を有し、位階も正五位下に至っていたことである。衛門府の大尉が受領以上のステイタスを持っていたとすると、米谷氏の評価に整合する。

また、『中外抄《ちゅうがいしょう》』に為義の主人である藤原忠実が、「為義のごときは、強《あなが》ちに廷尉《ていい》（検非違使の尉）に執すべからざるなり。天下の固めにて候へば、時々出《い》で来《きた》りて受領などに任ずべきなり」と述べたことが記されている。にもかかわらず、為義が受領に任ぜられなかったのは、当時の摂関家にとって、為義が在京武力として重要な存在であり、大尉補任はその代替措置であったのかもしれない。

為義の構想

河内源氏の低迷期に嫡流を継承した為義は、政治的な不遇のなかで、その打開策を模索していた。彼が取り組んだのは、列島各地の流通拠点を掌握して各地の武士団を組織化することであった。

永久《えいきゅう》二年（一一一四）五月の頃、為義は、主人源重時《しげとき》への負物《ふもつ》（負債）の弁済をのがれて彼を頼ってきた公政《きみまさ》（公正）なる男を庇護《ひご》している。公政は安房《あわ》国の住人で伊豆《いず》にも拠点を持つという、太平洋水運に関わる存在であったらしい。また、保延二年（一一三六）の頃、為義は近江《おうみ》に下向して在地武士の佐々木氏と主従関係を結んでいる。佐々木氏は平泉藤原氏と姻戚関係を有しており、これによって為義は、奥州の馬・砂金・鷲羽《わしのはね》（矢羽根の材料）などを調達するルートも確保することができた。

為義は各地の宗教勢力との提携を積極的に進めているが、その背後には地方武力の編成と流通拠点の掌握につながる周到な計算をうかがうことができる。たとえば、熊野《くまの》別当家との婚姻関係であるが、それは当時、太平洋沿岸各地に進出していた熊野水軍との提携を意味するものであった。また、為義が名簿《みょうぶ》（自分の実名や官位等を書いた札《ふだ》）を奉呈して臣従した高野山《こうやさん》の覚鑁《かくばん》は、肥前《ひぜん》平氏彼杵《そのぎ》党の出身であった。彼杵党は、藤津《ふじつ》（佐賀県藤津郡・鹿島市）を本拠とし、東シナ海を介して薩摩《さつま》に至る地域を勢力下に置く海の武士団なのである。さらに為義は、後述するように、東国の箱根山《はこねやま》にも影響力を行使していた。

こうしてみると、為義の子息たちの多くが列島各地に進出していることも、彼の構想に基づくものと見てよい。長子義朝は坂東随一の豪族的武士である上総《かずさ》氏の養君《ようくん》（養育される貴人の子）となって「上総曹司《かずさのぞうし》」と呼ばれ、やがて鎌倉を本拠に近隣の武士団の統合に乗り出す。強弓《ごうきゅう》で知られる為朝（鎮西八郎）の鎮西下向も為義の意思によるものであった。為朝が薩摩平氏の一族である阿多忠景《あたただかげ》の婿となり、薩摩・豊後《ぶんご》を中心に九州一帯を席捲《せっけん》したことは周知に属することである。また、娘の一人は航海守護の神として知られる摂津住吉社《せっつすみよししゃ》の神主の妻となっており、これも為義の打った布石の一つといえるであろう。

為義の限界と義朝の飛躍

為義ないしその子息たちによる遠隔地武士団の編成は、彼らが奉仕する権門の家産機構に依拠するものであった(6)。熊野山領相模《さがみ》国愛甲庄《あいこうのしょう》（神奈川県厚木市愛甲）は在地領主職を為義が掌握し、その郎等で美濃国青墓《あおはかの》長者《ちょうじゃ》の内記《ないき》氏が代官をつとめていた。同領上総国畔蒜《あびる》庄（千葉県君津市・袖ケ浦市・木更津市）も、義朝を養君とした上総氏が在地支配権を与えられていたと見てよい。

しかし、為義がもっとも頼みとした権門は摂関家であり、その家領支配に食い込むことによって、為義は子息たちを各地に送り込むことができたのである。義朝が鎌倉を拠点にして三浦・中村《なかむら》・波多野《はたの》氏などの在地武士団を麾下《きか》に従えることができたのも、彼らの所領である三崎《みさき》庄（神奈川県三浦市・横須賀市）・早河《はやかわ》庄（小田原市）・波多野庄（秦野《はだの》市周辺）が摂関家領であったからにほかならなかった。また、為朝の進出した南九州では、彼の活動と軌を一にするかのように、摂関家領島津《しまづ》庄が日向《ひゅうが》・薩摩・大隅《おおすみ》の三ヵ国にまたがる大荘園へと発展している。

　こうして為義の構想は着実に実を結びつつあったのだが、中央の政情がそれを許さなかった。すなわち、鳥羽院政下における摂関家の孤立である。また、これと連動するかのように義朝は院権力に接近し、為義やその嫡子に立てられていた弟の義賢《よしかた》（木曽義仲の父）と対立する。その背景には、義朝の従えた在地武士たちが、摂関家領の荘官《しょうかん》としての立場よりも、国衙《こくが》の在庁官人《ざいちょうかんじん》たる側面を自らの存立基盤として主張する方が得策と考えるような在地状況の変化も指摘できるのである。[7]

　権門摂関家の武力たることを存立基盤とした為義に対して、冷静に在地状況の変化を看取した義朝は、院権力と結んで父から自立し、保元の乱の勝者となって、まさしく「武家の棟梁」としての道を突き進んでいったのである。

注

（1）元木泰雄『武士の成立』（吉川弘文館、一九九四年）

（2）川合康『鎌倉幕府成立史の研究』（校倉書房、二〇〇四年）

（3）前掲川合康『鎌倉幕府成立史の研究』
（4）前掲元木泰雄『武士の成立』
（5）米谷豊之祐『院政期軍事・警察史拾遺』（近代文芸社、一九九三年）
（6）前掲元木泰雄『武士の成立』
（7）元木泰雄『保元・平治の乱を読みなおす』（日本放送出版協会、二〇〇四年）

2　河内源氏の地方進出

河内源氏と海・水上交通

院政期、畿内近国に経済基盤を有し、院・摂関家などの権門に従属して官職と無関係に軍事的に動員された武士たちは「京武者」と呼ばれた。(1) 河内源氏はその代表的な存在であるが、この一族は積極的に地方への進出をはかっている。その理由は何であろうか。

この点については、家人《けにん》との関係上必然的に大消費者たらざるをえない武家の棟梁は物流拠点の掌握に迫られ、水上交通の拠点の確保をめざした、という岡陽一郎氏の考古学的成果を踏まえた指摘がある。(2) ただし、岡氏の「棟梁」概念は通説的なもので、ここでいう棟梁は源為義など京武者を指している。院政期における河内源氏の武門としての地位の凋落《ちょうらく》は明らかであり、為義による摂津大物浦《だいもつのうら》（兵庫県尼崎市）の押領未遂事件や源義朝の南坂東における行動は、その失地回復策と見ることができるのである。(3)

近年の職能論的側面からの武士研究の成果が示すように、そもそも軍事貴族たる武士は経済を農業経営のみに依存したのではなく、むしろ都市と流通を基盤とする存在であった。承《じょう》平《へい》・天慶《てんぎょう》の乱（平将門の乱と藤原純友《すみとも》の乱）ののち、東国の軍事貴族は奥羽《おう》のみならず、伊勢・九州などへも展開を遂げている。貞盛《さだもり》流平氏からは伊勢平氏があらわれ、繁盛《しげもり》（貞盛の弟）流平氏は大宰府《だざいふ》に進出して肥前・薩摩平氏を生む。また、公雅《きみまさ》流平氏も伊勢・大宰府に進出し、府官（大宰府の官人）に列した致光《むねみつ》（致行《むねゆき》）らは刀伊《とい》の入寇《にゅうこう》（一〇一九年）の際に活躍を見せている。(4)なお、刀伊とは、高麗《こうらい》人が蛮族、特に大陸の沿海州地方に住んでいたツングース系女真《じょしん》族を指した呼び名である。

彼らの進出した地域はいずれも富の集積される場所であった。奥羽には砂金・駿馬《しゅんめ》、そして北方からの交易物、大宰府には日宋《にっそう》貿易によってもたらされた様々の唐物《からもの》があり、伊勢は海・陸のルートで東国と京都を結ぶ要地であり、水銀を産出した。すなわち、陸奥の外《そと》が浜《はま》、伊勢の安濃津《あのつ》・桑名《くわな》、鎮西の博多《はかた》は軍事貴族と密接な関係を有していたのである。(5)

前近代における日本列島の交通形態に対する「西船東馬」というイメージに「東の源氏」という通念がオーバーラップしたためか、従来、源氏と海・水上交通ないし都市・流通の関係はあまり着目されることがなかった。しかし、源氏とて武士である以上、海・水上交通との関わりを示す事例を見出すことは容易である。

『今昔《こんじゃく》物語集』巻第二十五第九には、源頼信が常陸《ひたち》守（正しくは常陸介《すけ》）在任中、香取海《かとりのうみ》を

渡って平忠常を攻めた際、浅瀬の存在を「家ノ伝へ」として知っていたことを記す。その子頼義は、平忠常の乱に際して当初追討使に任じた平直方の婿となり、坂東平氏族長の権威と追討拠点だった相模国鎌倉を継承する。海陸交通の要衝に位置するこの鎌倉は、南坂東支配の軍事的首都というべき地であった。[6]

頼義は坂東の兵を率いて前九年合戦を戦うが、宇多郡《うだぐん》

衙《が》（福島県相馬市）・行方《なめかた》郡衙（南相馬市）、胆沢《いさわ》城（岩手県奥州市）など陸奥国の官衙は太平洋とこれに直結する河川水系に依存しており、[7]合戦の遂行は海上からの補給路の確保が前提であった。戦後、頼義が政府から恩賞地として与えられた安房国朝夷《あさひな》郡丸郷《まるごう》（千葉県南房総市）は奥州への海上輸送ルートの中継点にふさわしい。

後三年合戦で兄義家を助けるために陸奥に下向した源義光は、勿来関《なこそのせき》が所在し太平洋に面した要地である陸奥国菊多《きくた》庄（福島県いわき市勿来町《なこそまち》）や久慈川《くじがわ》水系に沿った常陸国北部に勢力を扶植する。義家の子源義親は対馬《つしま》守に任じられたが、康和三年（一一〇一）、舅《しゅうと》の前《さきの》肥後《ひご》守高階基実《たかしなのもとざね》と結託して九州で濫行をはたらき、翌年末、隠岐へ配流された。しかし、嘉承二年（一一〇七）、出雲に渡り官物を奪取して近隣諸国を支配するに至ったため、白河院の命を受けた平正盛に追討されている。[8]義光や義親の行動の背景には近隣在地勢力の同意があり、それは京武者による地域的軍事権力の樹立の方向性を示すものとして評価しうるであろう。

地方武士団の組織化

十二世紀前半期の河内源氏は、義家没後の内紛と為義の政治的不遇によって、その傘下にあった京武者や畿内近国に本拠を有する郎従に離反されたため、その対応策として遠隔地の武士団の組織化に乗り出した。[9]

すでに述べたように、安房国の住人で伊豆とも関係を有する公政なる者が主人への負物の弁済をのがれて、為義の庇護を頼るという事件が起きた。この時、為義は検非違使からの身柄引き渡し命令に応じず、公政を積極的に保護する態度を示している(10)。また、為義は近江に下向して古代以来の在地豪族である佐々貴《ささき》山君《やまのきみ》系佐々木氏の郎等化をはかっている(11)が、その際、当時この佐々貴山君系と一体化しつつあった新来の宇多《うだ》源氏系佐々木氏とも主従関係を結ぶことに成功したらしい。宇多源氏系佐々木氏は平泉藤原氏と姻戚関係を有しており、秀義《ひでよし》（藤原秀衡の妻の甥《おい》）は、為義・義朝の二代に仕え、奥州の馬・砂金・鷲羽などを調達する際の「専使」として活動することになる(12)。

為義と熊野山との関係からは、当時熊野の勢力が太平洋を北上して陸奥にまで及んでいたことが想起される(13)。為義はまた高野山の覚鑁《かくばん》に名簿《みょうぶ》を奉呈しているが、この覚鑁は元永《げんえい》二年（一一一九）平正盛によって追討された肥前平氏彼杵《そのぎ》党の出身で、肥前平氏の本拠藤津は九州西岸の海上交通の拠点であった(14)。さらに、為義は箱根山別当行実《ぎょうじつ》に東国における家人の催促権を委ねていたという（『吾妻鏡』治承四年八月二十四日条）。このように為義は宗教勢力との提携を積極的に進めているが、その背後には地方武力の編成と流通拠点の掌握を目的とする周到な計算がうかがえるのである。

こうしてみると、為義の子息たちの多くが列島各地に進出していることも偶然ではないように思われる。まず、長子義朝は「坂東生立ノ者」で、国衙《こくが》在庁系の豪族的武士上総氏の養

良文流平氏略系図

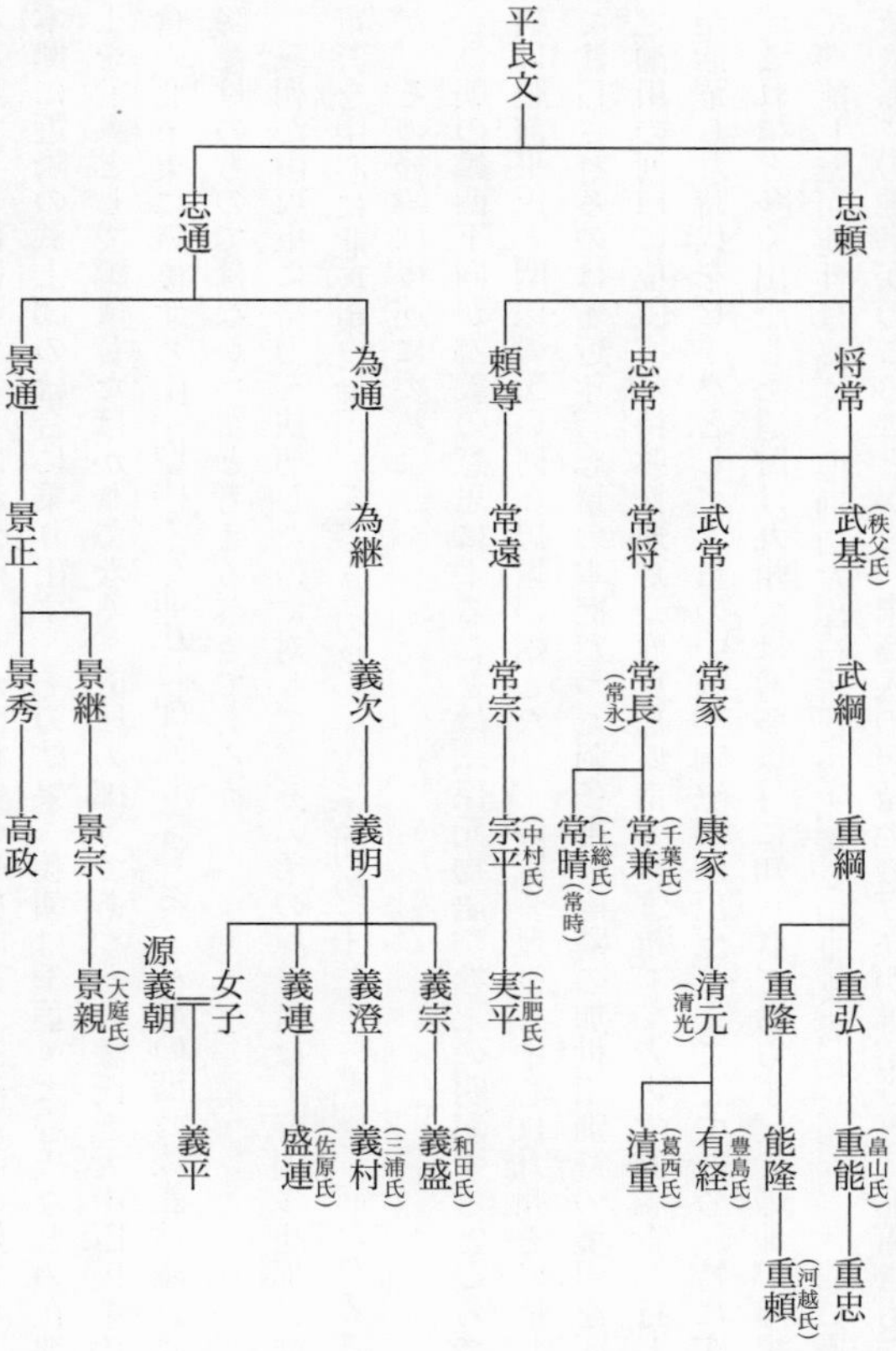
平良文
忠頼
将常
武基（秩父氏）
武綱
重綱
重弘
重能（畠山氏）
重忠
重隆
能隆
重頼（河越氏）
武常
常家
康家
清元（清光）
有経（豊島氏）
清重（葛西氏）
忠常
常将
常長（常永）
常兼（千葉氏）
常晴（上総氏）（常時）
頼尊
常遠
常宗
宗平（中村氏）
実平（土肥氏）
忠通
為通
為継
義次
義明
義宗
義盛（和田氏）
義澄
義村（三浦氏）
義連
盛連（佐原氏）
女子
源義朝
義平
景通
景正
景継
景宗
景親（大庭氏）
景秀
高政

君として「上総曹司」と呼ばれたが、やがて相模の豪族的武士三浦義明《よしあき》の婿となって鎌倉を本拠に近隣の武士団の統合に乗り出す。[15] その結果、義朝は千葉・大庭《おおば》氏などの在地の有力武士を家人として編成したばかりでなく、直属の郎等であった首藤《すどう》氏と大中臣《おおなかとみ》氏をそれぞれ鎌倉の北・東に隣接する山内《やまのうち》庄・六浦《むつら》庄に配置している。[16] 六浦の港湾機能は鎌倉幕府成立以降だけのものではなかったと考えるべきであろう。

義朝が南坂東に勢力を扶植したのに対して、その弟の源義賢《よしかた》は上野《こうずけ》国多胡《たこ》郡（群馬県高崎市）を中心に北坂東に進出した。その後、彼は義朝の子義平《よしひら》に武蔵で討たれることになるが、その経緯は後述に委ねよう。

為朝の鎮西下向が為義の意思によることは『保元物語』巻上の明記するところである。為朝は肥前平氏と関係の深い阿多忠景の婿となり、薩摩・豊後を中心に九州を席捲した。[17] ここで注目されるのは、近年、忠景の本拠だった阿多郡と南隣の加世田《かせだ》別符《べっぷ》の境界を西流する万《ま》之瀬川《のせがわ》の河口に位置する持躰松《もったいまつ》遺跡（鹿児島県南さつま市）で考古学的調査が行われ、忠景が活躍した時代をピークとして大量の中国製陶磁器が出土したことである。[18] 特に陶器貯蔵具がこれほど多く出土した遺跡は九州では博多以外に知られておらず、この地が陸揚げ港として機能した可能性は高く、旧河口左岸付近には当房《とうぼう》（中世文書には唐坊）・唐仁原《とうじんばる》（同じく唐人原）の地名がのこることから、宋商人の居留地の存在が推定され、船着きもこの付近に想定されている。[19] また、当時、日宋貿易の主要な輸出品であった硫黄《いおう》の最大の産出地である貴界島《きかいがしま》（イオウガシマ）と肥前との間を硫黄商人が往復する際、ここが寄港地となっていたこともほぼ確実視されている。[20] 為朝が勢力基盤とした豊後も硫黄の産出地であった[21]ことを考え合わせると、平家同様に源氏も日宋貿易への介入を意図していた可能性が高い。いずれにしても、為朝は九州に対する源氏の楔《くさび》としての役割を果たしたのである。

為義の十男の義盛《よしもり》（のちに行家《ゆきいえ》と改名）は保元・平治の乱後、熊野《くまの》新宮《しんぐう》にあって新宮十郎と称した。これは為義がすでに熊野別当家と関係を有していたためである。為義は別当家の女性との間に一女（鳥居禅尼《とりいのぜんに》）をもうけ、彼女は十九代別当行範《ぎょうはん》（鳥居法眼《とりいのほうげん》・新宮別当）の妻となり、二十二代別当となる行快《ぎょうかい》らを生むこととなる。ちなみに、坂東における熊野山領荘園としては相模国の相模川水系沿いに位置した愛甲庄と房総半島の内海（東京湾）東岸の上総国畔蒜《あびる》庄および太平洋岸の下総《しもうさ》国匝瑳《そうさ》南《なん》（条）庄（千葉県匝瑳市）があり、前二者については為義が立荘の仲介にあたった可能性が強く、特に畔蒜庄は少年期の義朝の居所と考えられる。[22] なお、その契機は不明であるが、平治の乱以降のある時期から、為義の三男義《よし》広《ひろ》（志太三郎先生《しだのさぶろうせんじょう》・義範《よしのり》）も、太平洋に通じる常総内海（現在の霞ヶ浦はその一部）の要衝に位置する常陸国信太《しだ》庄（茨城県稲敷市）に居住していた。[23]

以上、海・水上交通との関わりから為義の子息たちの列島各地への[24]進出の状況を見たが、東山道の宿駅美濃国不破《ふわ》郡青墓の長者との姻戚関係などから知られるように、彼が陸上交通の要地掌握にも意を用いていたことは言うまでもない。

河内源氏と権門の家産機構

為義ないしその子息たちによる地方武士団の編成は、彼らが仕えた権門に依拠する側面があった。(25) たとえば、熊野山領相模国愛甲庄や、同領上総国畔蒜庄の場合については前述したところであり、下野《しもつけ》国に所在した九条《くじょう》太政大臣藤原信長《のぶなが》後家領荘園の下司《げし》二人はともに為義の郎従であった。(26)

しかし、重ねて述べることになるが、当時の河内源氏嫡流がもっとも頼みとした権門は摂関家であり、摂関家の家領支配に食い込むことによって、為義は多くの地方武士を主従関係のもとに置くことができたのである。

鎌倉が所在する相模国には源氏に従った武士団が多かった。天養《てんよう》元年（一一四四）、源義朝は国衙と結託して大庭御厨《おおばのみくりや》（神奈川県藤沢市・茅ヶ崎市）に三浦庄司義次《よしつぐ》・中村庄司宗平《むねひら》らをはじめとする私兵を乱入させたが、この両名はそれぞれ摂関家領三崎庄・早河庄の在地領主であった。また、保元の乱で義朝に従った波多野義通《よしみち》の本拠波多野庄も摂関家領であり、三浦・波多野氏の娘たちは義朝の子を生み、中村氏の娘は義朝・頼朝二代の乳母《めのと》となるという緊密な関係にあった。(27) 義朝は結果的に保元の乱で為義や摂関家と対立することになるが、その坂東下向は父の権威と、摂関家領の荘官をつとめる在地武士の支援を期待してのことだったのである。(28) このほか、史料的に問題があるために不確実ではあるが、古活字本『保元物語』巻下に為義の幼子鶴若《つるわか》の乳人《めのと》として登場する佐野《さの》源八《げんぱち》も、左大臣頼長《よりなが》領下野国佐野庄の在地武士と見ることができよう。[29]

秀郷流藤原氏略系図

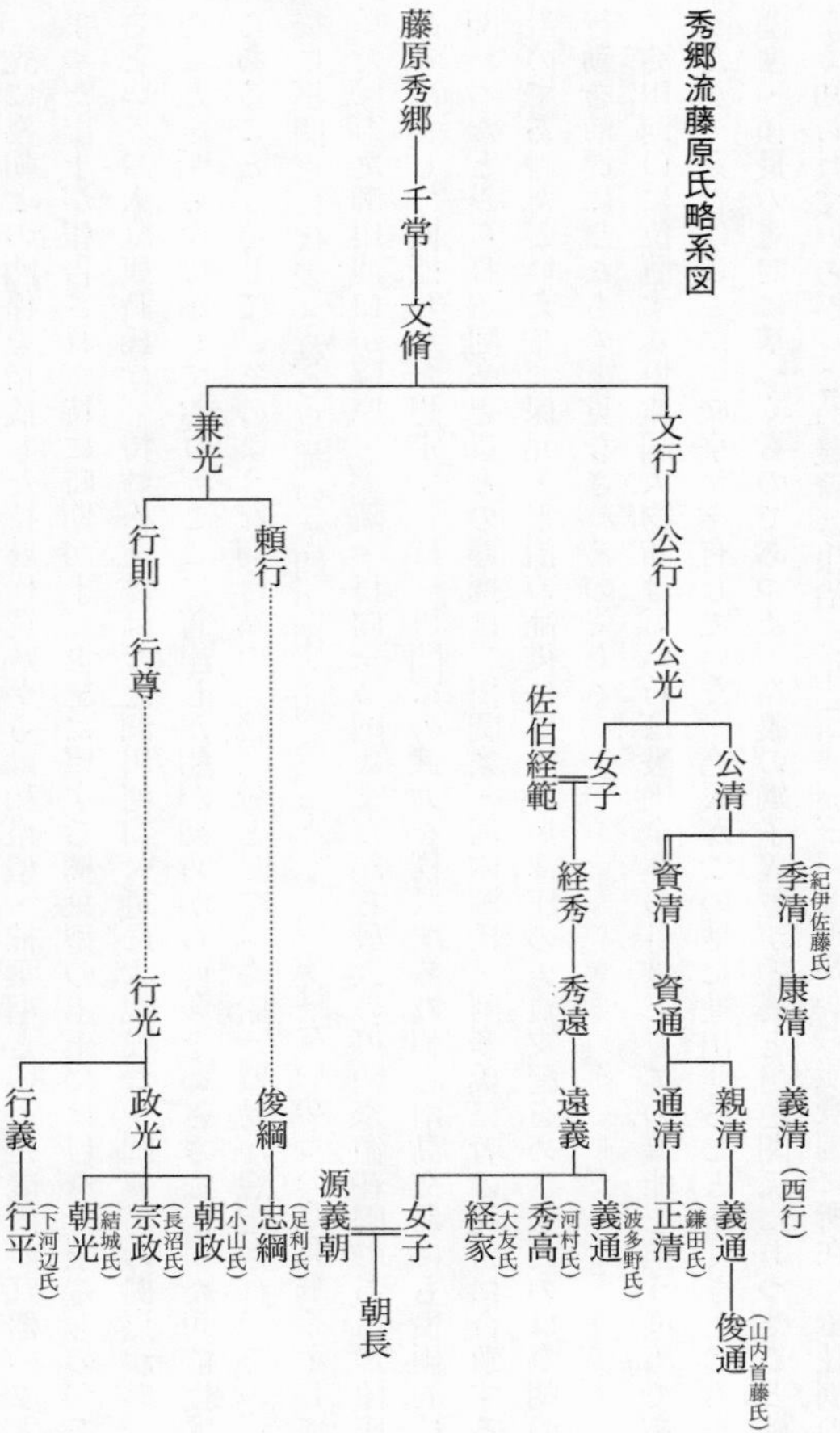

先に為朝との関係を指摘した持躰松遺跡からは和泉《いずみ》型・楠葉《くずは》型といった畿内産瓦器《がき》のまとまった出土が報告され、特に時期が十二世紀に属する楠葉型の出土には目を見張るものがあるという。大庭康時氏は、持躰松遺跡は万之瀬川河口付近に大規模な中国貿易の拠点があったことを明らかに示しており、ここに着岸した船が初めから博多をめざさなかった可能性すらあること、そして、そのような商行為の大義名分として「寄船《よりふね》」貿易が想定され、その背後に摂関家に代表される京都の権門が深く関わっていたのではないかという見解を示している。(30) 万之瀬川河口が薩摩・大隅・日向三ヵ国にまたがる最大の摂関家領荘園である島津庄の外港として機能したと想定すれば、摂関家の武力を構成する為朝と南島交易にも積極的に関わったとみられる阿多忠景との連携は、摂関家・河内源氏・阿多氏三者の利害に合致するものであったといえる。保元・平治の乱後に平家が島津庄の実質支配をめざしたのは為朝の行動を前提にしたものと見なされるのである。

淀川《よどがわ》河口に位置する摂津国大物浦《だいもつのうら》は、いわば畿内全体の外港としての機能を担う港湾であったが、為義はここに「旅亭」を有していた。(31) 為義がこの地に進出することができたのも摂関家・頼長の意向に基づくものであった。為義の嫡子義賢が頼長と男色関係にあったことはよく知られているが、この義賢は康治《こうじ》二年(一一四三)、頼長から能登《のと》国に所在する荘園の預所職《あずかりどころしき》を与えられている。久安三年(一一四七)六月、義賢は年貢の不納のためにこの職を罷免《ひめん》されるが(『台記《たいき》』)、そうでなければこの荘園は河内源氏の北陸進出あるいは日本海流通支配の拠点となるべきところであっただろう。また、為義の郎等となった近江佐々木氏（佐々貴山君系）の四郎行正《ゆきまさ》が兄の三郎宗真《むねざね》とともにすでに宇治入道殿（忠実）の舎人《とねり》であったことも指摘しておきたい。

以上見てきたように、為義とその子息たちは摂関家など有力権門の家産機構に依拠しながら列島各地に発展のための拠点を作り上げていった。しかし、それは摂関家の爪牙《そうが》としての動きとしてのみ捉えられるべきではない。大物浜（浦）に進出した為義の「摂津旅亭」が頼長の命を受けた源頼憲《よりのり》（多田源氏）に焼却されることになったり、鎮西における為朝の行動によって為義が解官の憂き目にあっていることなどからもうかがわれるように、彼らの動きには、権門内武力としての枠組みを逸脱する軍事貴族としての自己目的的な側面が濃厚なのである。

注
（1）元木泰雄『武士の成立』（吉川弘文館、一九九四年）
（2）岡陽一郎「海と河内源氏」（『古代文化』五四―六、二〇〇二年）
（3）元木泰雄「保元の乱における河内源氏」（『大手前女子大学論集』二二、一九八八年）
（4）野口実『中世東国武士団の研究』（高科書店、一九九四年）
（5）野口実「列島ネットワークの中の平泉」（入間田宣夫・本澤慎輔編『平泉の世界』高志書院、二〇〇二年）、伊藤裕偉「安濃津の成立とその中世的展開」（『日本史研究』四四八、一九九九年）、網野善彦

『日本中世都市の世界』（筑摩書房、一九九六年）、林文理「博多綱首の歴史的位置——博多における権門貿易」（大阪大学文学部日本史研究室編『古代中世の社会と国家』清文堂出版、一九九八年）

（6）野口実「頼朝以前の鎌倉」（『古代文化』四五—九、一九九三年）

（7）荒木隆「陸奥南部の郡衙立地条件と水運」（『福島県立博物館紀要』一五、二〇〇〇年）など

（8）髙橋昌明「流人源義親追討使について」（同『清盛以前——伊勢平氏の興隆』平凡社、一九八四年。初出は一九七九年）

（9）元木泰雄「十一世紀末期の河内源氏」（古代学協会編『後期摂関時代史の研究』吉川弘文館、一九九〇年）

（10）戸田芳実『中右記——躍動する院政時代の群像』（そしえて、一九七九年）

（11）上横手雅敬「院政期の源氏」（御家人制研究会編『御家人制の研究』吉川弘文館、一九八一年）

（12）前掲野口実『中世東国武士団の研究』

（13）大石直正「地域性と交通」（『岩波講座日本通史　第7巻　中世1』岩波書店、一九九三年）

（14）前掲野口実『中世東国武士団の研究』、野口実「薩摩と肥前」（『鹿児島中世史研究会報』五〇、一九九五年）

（15）安田元久『日本初期封建制の基礎研究』（山川出版社、一九七六年）、同「源義朝」（和歌森太郎ほか『人物日本の歴史5　源平の確執』小学館、一九七五年）

（16）前掲野口実「頼朝以前の鎌倉」、野口実『武家の棟梁の条件——中世武士を見なおす』（中央公論社、一九九四年）

（17）五味克夫「平安末・鎌倉初期の南薩平氏覚書——阿多・別府・谷山・鹿児島郡司について」（『鹿児島大学法文学部紀要　文学科論集』九、一九七三年）

（18）宮下貴浩編『持躰松遺跡　第1次調査　金峰町埋蔵文化財発掘調査報告書（10）』（金峰町教育委員会、一九九八年）

(19) 大庭康時「集散地遺跡としての博多」(『日本史研究』四四八、一九九九年)、同「金峰町歴史シンポジウムに参加して」(『中世土器研究』九九、二〇〇〇年)、柳原敏昭「中世前期南九州の港と宋人居留地に関する一試論」(『日本史研究』四四八、一九九九年)

(20) 山内晋次「平安期日本の対外交流と中国海商」(『日本史研究』四六四、二〇〇一年)、永山修一「キカイガシマ・イオウガシマ考」(笹山晴生先生還暦記念会編『日本律令制論集　下巻』吉川弘文館、一九九三年)、同「古代・中世における薩摩・南島間の交流」(村井章介ほか編『境界の日本史』山川出版社、一九九七年)、前掲野口実「薩摩と肥前」、前掲柳原敏昭「中世前期南九州の港と宋人居留地に関する一試論」

(21) 小葉田淳『金銀貿易史の研究』(法政大学出版局、一九七六年)

(22) 米谷豊之祐『院政期軍事・警察史拾遺』(近代文芸社、一九九三年)

(23) 『龍ケ崎市史　中世編』(龍ケ崎市教育委員会、一九九八年)

(24) 前掲米谷豊之祐『院政期軍事・警察史拾遺』

(25) 前掲元木泰雄「十一世紀末期の河内源氏」

(26) 前掲米谷豊之祐『院政期軍事・警察史拾遺』

(27) 野口実『坂東武士団の成立と発展』(弘生書林、一九八二年)、前掲同『中世東国武士団の研究』

(28) 前掲元木泰雄「保元の乱における河内源氏」

(29) 前掲米谷豊之祐『院政期軍事・警察史拾遺』

(30) 前掲大庭康時「集散地遺跡としての博多」、前掲同「金峰町歴史シンポジウムに参加して」

(31) 前掲元木泰雄「保元の乱における河内源氏」

第二章　調停する義朝――坂東の平和と平治の乱

【略伝】 源義朝（一一二三～六〇）

源為義の長男で、母は白河院近臣藤原忠清《ただきよ》の娘。父が摂関家に祗候したために、院近臣を外祖父に持つ義朝は廃嫡《はいちゃく》され、坂東に下って少年期を過ごした。当初彼を「養君《ようくん》」としてもてなしたのは上総国の有力武士上総（平）常澄《つねずみ》で、そのため彼は「上総曹司」と呼ばれた。

その後、相模の三浦義明の婿となった彼は、曽祖父頼義以来の坂東における拠点である鎌倉に住んだ。この間の康治・天養年間（一一四二～四五）、彼は下総国相馬御厨《そうまのみくりや》（千葉県我孫子《あびこ》市周辺）や相模国大庭《おおば》御厨をめぐる在地勢力間の抗争に介入して、千葉氏や大庭氏などの南関東の有力武士団を膝下《しっか》に編成した。

仁平《にんぴょう》二年（一一五二）鳥羽院の近臣である藤原親忠《ちかただ》（鳥羽院の寵姫《ちょうき》美福門院得子《びふくもんいんなりこ》の乳母《めの》夫《と》）の子息親弘《ちかひろ》が相模守に任じられたことを契機に、美福門院やその従兄《いとこ》である藤原家成《いえなり》に接近し、王家領荘園の立券に協力することによって鳥羽院に近侍する機会を得た。このことが奏功して、義朝は翌年三月に下野守《しもつけのかみ》に任じられて父為義の上位に立ち、官位においても河内源氏嫡流としての資格を獲得することとなった。

保元元年（一一五六）七月の保元の乱に際しては、六月一日、鳥羽院が重病に陥った段階で後白河天皇の内裏高松殿《たかまつどの》の警固に動員されており、すでに後白河方でもっとも信頼される武将としての立場を確立していた。この乱において父為義とほとんどの弟たちが崇徳上皇方に立ったため、乱後、彼は確実に河内源氏における嫡流としての立場を安定させることとなる。さらに、有力な院近臣のポストである左《さ》馬《まの》頭《かみ》に任じられたばかりか殿《てん》上《じょう》人《びと》の座を得て、京都政界における地位を著しく向上させた。自らは京都にあって後白河院（保元三年より院政開始）近臣としての地位向上につとめるとともに、鎌倉にあ

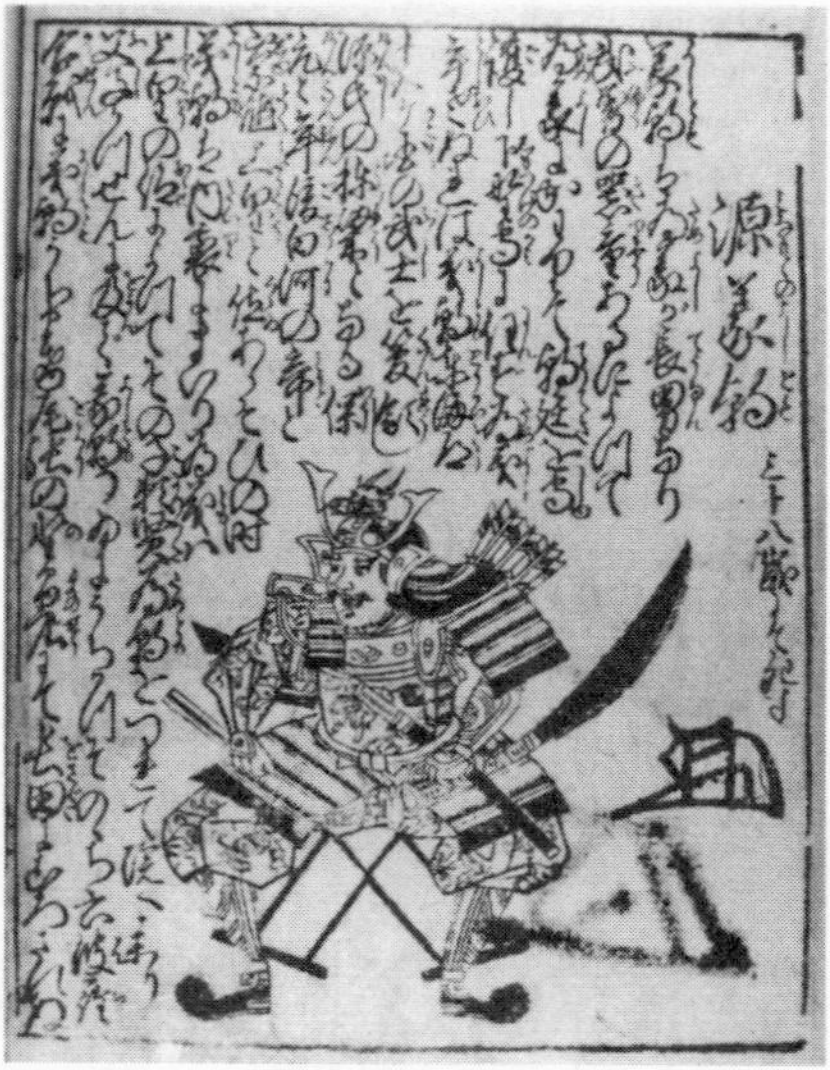
源義朝　「本朝百将伝」より

った長男義平《よしひら》に坂東の経営を委ねていた。この状況下、坂東における義朝の勢力圏には暫《しば》しの平和がもたらされたのである。

義朝は武門としてのさらなる発展をはかるために、院近臣で駿馬の産地である陸奥・武蔵《むさし》を知行下に置く藤原信頼《のぶより》と提携し、平治元年（一一五九）十二月の平治の乱では信頼の命令に従って蜂起《ほうき》した。しかし、いったんは廟堂《びょうどう》（朝廷）の制圧に成功したものの、事態は平清盛との対立という予想外の展開を見せ、六条河原で大敗ののち、東国に逃れる途中、尾張《おわり》国（愛知県）で家人の長田忠致《おさだただむね》に討たれた。

しかし、乱の最中に行われた除目《じもく》で、彼は四位に昇叙されるとともに院近臣の頂点ともいうべき播磨《はりま》守に補され、嫡男の頼朝は将来公卿《くぎょう》に到達することも可能な右兵衛権佐《うひょうえごんのすけ》の地位を得た。短期間とはいえ、彼が南坂東にもたらした平和と、ここで得た後白河院近臣としての高いステイタスが、のちの頼朝の成功に大きく資することになったのである。

1 「坂東の平和」と源氏庶流の展開

紛争調停者としての期待

院政期、河内源氏が列島各地に進出しえた背景を地方のサイドから考えよう。十二世紀前半、東国においても鎮西においても軍事紛争が頻発した。坂東や南九州では国衙《こくが》を基盤とする有力武士が成長したが、その在庁官職は家督権と一体になっており、そのために、各地で同族間抗争が発生していたのである。河内源氏はその調停者としての機能を期待されたのであった。[1]

先に見たように義朝は上総氏に擁立されて、上総・千葉氏間の抗争を調停し、鎮西では阿多忠景が為朝を婿に迎えることによって薩摩平氏の家督権を確立し、薩摩・大隅を実力支配のもとに置いたのである。

久寿二年（一一五五）八月、義朝と三浦義明の娘との間に生まれた弱冠十五歳の義平が武蔵国比企《ひき》郡大蔵館《おおくらのたて》（埼玉県嵐山町《らんざんまち》）に居た叔父の義賢《よしかた》を攻め滅ぼした事件（大蔵合戦）は、秩父《ちちぶ》平氏の家督権＝武蔵国留守所《るすどころ》惣検校職《そうけんぎょうしき》をめぐって秩父次郎大夫重隆《しげたか》とその甥の畠《はたけ》山《やま》庄司重能《しげよし》が対立し、重隆が義賢を養君に迎えたのに対して、重能が義朝・義平を頼んだことによって惹起《じゃっき》されたものであった。[2] この抗争には隣国上野《こうずけ》国に進出していた源氏庶流の新田義重《よししげ》も関与しており、当時「在地系」武士団が河内源氏などの「京武者系」武士団の支援によって広域的な軍事権力を樹立しえたことを示している。

それとともに注目すべきは、「京武者系」の背後に受領《ずりょう》の支持が存在したことである。たとえばこの大蔵合戦についても、久安六年（一一五〇）以降十年の間、武蔵守は藤原信頼・信説《のぶとき》兄弟が歴任しており、信頼と義朝が平治の乱の張本であったことから見て、義平の軍事行動は武蔵守信頼の了解のもとに行われたものと考えられる。[3] また義朝は坂東下向後、父為義から自立して鳥羽院との関係を強めていたが、大庭御厨に侵入した時の相模守は鳥羽院判官代《ほうがんだい》藤原憲方《のりかた》の子息頼憲《よりのり》であり、義朝はその庇護のもとに国内の武士団を傘下におさめていったものと考えられるのである。(4) 後述のように、このような受領ないしはその任命権を持つ知行国主による支持は足利・新田氏など河内源氏庶流の場合にも見ることができる。

義光流佐竹氏・武田氏

後三年合戦に際して兄義家に助力するため、朝廷に無断で陸奥に下向し、京都への帰還命令を拒否した源義光が左兵衛尉を解官《げかん》されたのは寛治《かんじ》元年（一〇八七）九月のことであった。やがて義光は都に戻ったが、その後再び東国に下ったようで、長治《ちょうじ》二年（一一〇五）二月、刑部丞《ぎょうぶのじょう》の官にありながら二年前から常陸に居住していた義光が支障を申して帰京の猶予を請う書状を送ってきたことが『殿暦《でんりゃく》』に見える。このとき彼が上洛できなかったのは、当国の「在地系」常陸大掾《だいじょう》平重幹《しげもと》と結んで、下野《しもつけ》国足利郡にいた甥の義国《よしくに》と対立関係にあったからで、嘉承《かじょう》元年（一一〇六）六月、朝廷は東国の国司に命じて義光・重幹らの党を召し進めさせ、義国はその父である義家に命じて京都へ召喚させている。(5)

義光は摂関家の忠実《ただざね》にしばしば貢馬していたことが知られるが、在地においては常陸平氏と深い関係を結んでおり、子義業《よしなり》（義成）は平重幹の子清幹《きよもと》の婿となっている。義業は都で文章生《もんじょうしょう》を経て検非違使尉をつとめたが、大治《だいじ》五年（一一三〇）六月以前、上洛してきた平泉の藤原清衡《きよひら》の前妻を妻に迎えている。彼女は清衡の後継者争いで基衡《もとひら》に敗れた惟常《これつね》の母で、上洛後所々に追従して珍宝を献じていることから、相当な有力豪族の出身とみられる。(6)いずれにしても、これによって義業は平泉藤原氏勢力下の惟常派の勢力を継承する立場を得たことがうかがえるのである。

義業と清幹の娘との間に生まれた昌義《まさよし》は、久慈川と山田川《やまだがわ》の合流点近くに位置する久慈郡佐竹《さたけ》郷を本拠として佐竹氏の祖となる。(7)そして昌義と藤原清衡の娘との間に生まれたのが、治承・寿永《じゅえい》内乱期に平家と結び常陸介に補任された隆義《たかよし》で、常陸平氏時幹《ときもと》の娘との間に生まれたのが義宗《よしむね》（雅楽助大夫《うたのすけたいふ》）であると伝えられている。(8)ちなみに、この義宗は、承安《じょうあん》四年（一一七四）三月、常陸国中郡庄《ちゅうぐんのしょう》下司大中臣経高《おおなかとみのつねたか》の濫行に際し、経高を召し進めるよう院から命じられたことが『吉記《きっき》』（同十四日条）に所見する。

義光の子義清《よしきよ》は那珂川《なかがわ》水運の拠点に位置する那賀（吉田《よしだ》）郡武田《たけだ》郷を本拠として武田氏の祖となるが、『浅羽本《あさばほん》武田系図』によれば、彼の母は吉田郡を本拠とした常陸平氏吉田清幹の娘であった。これが事実とすれば、清幹は二人の女子を義光・義業二代に嫁がせたことになる。(9)

義清はやがて吉田氏や鹿島社大禰宜《かしましゃおおねぎ》家と対立するに至り、大治五年（一一三〇）、その子清光《きよみつ》は濫行をはたらいたとして義清とともに甲斐《かい》に移郷される。義清はここで在地の武士市川《いちかわ》氏の支援を得て甲斐源氏の祖と仰がれることになるのである。(10)

五味文彦氏は市川氏が甲斐国衙《こくが》の厩《うまやのべっとう》別当の地位にあり、義清を婿に迎えた可能性を指摘するとともに、甲斐源氏成立の背景として、義光の仕えた六条顕季《あきすえ》の子の長実《ながざね》が甲斐の知行国主であったことに注目している。(11) 中央権力と直結して「在地系」を配下に置き、水運の拠点を押さえるという義光の子孫たちの動きは河内源氏嫡流と軌を一にするものがあったのである。

義国流足利氏・新田氏

新田・足利氏の祖となる義国は、寛治《かんじ》三年（一〇八九）、義家と摂関家（藤原師通《もろみち》）家司《けいし》藤原有綱《ありつな》の娘との間に生まれた。有綱は上野国知行国主日野《ひの》家の傍流であり、義国が上野国新田郡に進出しえた背景として母方の一族の支援が想定される。(12) さらに、彼の子息のうち、足利氏の祖となる義康《よしやす》の母は、嘉保《かほう》三年（一〇九六）に下野守に任じた源有房《ありふさ》（村上《むらかみ》源氏・鳥羽院北面）の娘で、新田氏の祖となる義重《よししげ》の母は、康和二年（一一〇〇）に上野介に在任していた藤原敦基《あつもと》の娘であり、母方のみならず妻方の一族の支援も彼の下野・上野進出の背景にあったものと見てよい。もとより、知行国主・受領層にとっても、東国に武名の高い河内源氏との提携は、任国支配あるいは在任中そこに設定した権益を維持するうえで好都合な面が大きかったのである。

また義国は父義家の築いた北坂東における勢力を継承する役割を担っていたようで、前述のように、嘉承元年（一一〇六）、常陸国で叔父義光・平重幹と合戦を起こしている。天仁二年（一一〇九）、義家の後継者に定められていた義忠が義光の郎等鹿島三郎（常陸平氏吉田清幹の子の成幹《なりもと》）に殺害されるという事件が発生するが、義忠が義国の同母兄であることを考え合わせると、この事件の背景には義家流と義光流の河内源氏の嫡流をめぐる争いのみならず、東国における両者の勢力争いの側面が看取されるのである。(13) その後、義国は義家の後継者に立てられた為義と競合するに至ったようで、永久二年（一一一四）八月、雑物を押し取って上野国司に訴えられた「郎等家綱《いえつな》」の召進《しょうしん》をめぐって為義と対立することがあった。この家綱は藤原秀郷《ひでさと》流の足利氏で、下野国足利郡司職を帯し、その一族の勢力は下野国南西部から上野国一帯に及んでいた。義光流が在地の常陸平氏と結んでいたように、義家流は秀郷流藤原氏と連携していたのである。ちなみに、これと同じ頃、九条太政大臣信長の後家より、為義の郎従である同家領下野庄司棟佐《むねすけ》（宗佐・姓不明）・源永《げんえい》を荘内から追却すべき旨の訴えがなされている。(14)

さて、義国も義光の子の義業と同様に京武者として活動しており、兵部丞《ひょうぶのじょう》・式部丞・加賀介《かがのすけ》を歴任し、従五位下の位階を得たことが確認できる。天承《てんしょう》元年（一一三一）九月、時に兵部丞であった義国は京郊の城南寺《じょうなんじ》で行われた流鏑馬《やぶさめ》に射手を献じているが、これによって彼が院北面に祗候していたことが知られる。(15)

義国の京武者としての活動は永久二年（一一一四）頃から、勅勘《ちょっかん》を受けて下野に下向・

籠居《ろうきょ》する久安六年（一一五〇）までの約三十五年間に及んだが、この間もしばしば東国に下向して在地経営に関わっていたようで、康治元年（一一四二）には下野国足利郡の所領を安《あん》楽寿院《らくじゅいん》に寄進して足利庄を立てている。しかし、このような在地経営の積極化は、在来勢力との軋轢《あつれき》を引き起こすこととなる。秀郷流足利家綱との伊勢神宮領簗田《やなだ》御厨の領主権をめぐる対立はその顕在化したものであった。家綱はかつて義国の郎等と見なされた存在で、在地における支持勢力であった⑯。この離反の背後には、ちょうど常陸における武田義清と常陸平氏吉田氏との関係に共通した事情が見出せるであろう。

義国の子義康も父同様に鳥羽院北面に祗候する京武者として活動し、大膳亮《だいぜんのすけ》を経て検非違使右衛門尉に任じられている。保元の乱に際しては源義朝とともに内裏高松殿の守護にあたり、また百余騎を率いて白河殿を攻め、その功績によって昇殿を許され、蔵人に任じられ、次いで従五位下に叙されるに至った⑰。彼の妻は義朝の正室である熱田大宮司家藤原季範《すえのり》の娘と姉妹または従姉妹の関係にあり、このことから義朝と義康の協調関係が想定される。かくして義康は保元の乱後、平清盛・源義朝に次ぐ在京軍事力としての地位と諸大夫《しょたいふ》としての身分を確立し、一方の武家の棟梁への途《みち》を歩まんとしたが、保元二年（一一五七）五月に死去し、あえなく挫折してしまった。

一方、義国の長男である義重は長く東国にあり、在京していた父に代わって所領の経営にあたっていたようである。彼の在京活動は、久安六年（一一五〇）、父義国が下野に籠居し、さらに新田庄に居住するようになってから、これと入れ替わるように開始される。(18) なお、ここで注目しておきたいのは、彼が上野において国衙や河川・大道に規定された交通網の掌握に配慮しながら子息を配置し、居館網を構築していたとする岡陽一郎氏の指摘である。(19) ちなみに、源義賢の拠った武蔵国大蔵館も荒川《あらかわ》水系の都幾川《ときがわ》と鎌倉街道の交差する要衝に位置していた。

河内源氏の競合と義朝の勝利

ここで、もともと畿内近国に基盤を有して権門に従属する「京武者系武士団」の代表格、河内源氏が地方に進出した背景について整理しておこう。まず、足利・新田氏の祖義国や甲斐源氏の祖となる義清が、ともに配流（移郷）を契機に在地武士団を膝下に従えたと伝えられていることに注目したい。常陸平氏と結んだ義光と合戦した義国の召喚が義家に命じられたことも勘案すると、彼らの動きは、流刑地の隠岐を脱出し、山陰道の海上交通の要衝雲津《くもづ》浦《うら》（島根県松江市）に立て籠もった義親の動きと共通するものがみられるのである。そして、義親の配流の原因となった鎮西における濫行が舅の前肥後守高階基実の支持によっていたように、彼らの地方進出は現在の知行国主（ないし受領）、または在任中に任国に地盤を形成した前司との連携で達成されたのであった。これは武蔵における義朝・義平、下野の足利氏、上野の新田氏に明瞭であり、甲斐源氏成立の背景にも義光が仕えた六条顕季の子長実が甲斐の知行国主であったことが関係したものと想定されている。[20]

さらに重要なのは、彼らを迎え入れようとする在地勢力が存在したことである。特に坂東や南九州では、平忠常の乱や刀伊の入寇の際に活躍した地方軍事貴族の系譜を引く「在地系」の有力武士たちが同族間で国衙在庁ないしは荘園所職《しょしき》と一体化した惣領《そうりょう》・家督権の争奪に明け暮れる状況にあった。かかる在地紛争の調停を行いうる軍事的実力と貴族性を併せ持つ京武者の下向が期待されたのである。彼らは在地豪族（武士）の養君あるいは婿として推戴され、交通・流通の拠点を掌握して地域的な軍事権力を樹立する。一方、阿多・上総・秩父氏などにみられるように、在来の「在地系」は、かかる京武者の支援によって同族間紛争を解消し、一国規模の軍事編成を可能にしていったのである。

しかし、当初調停者として推戴された京武者は、その在地化に伴って、在来勢力やテリトリーを接する他の「京武者系」と競合関係に陥るという矛盾に直面することになる。すなわち、より上位の調停者が要請されることになったのである。これを克服するには、常に中央に出仕して貴族的身分の再生産・上昇をはかる必要が生じた。そのために、彼らは年長でしかも在地武士の娘との間にもうけた子息に在地支配を委ねて在京活動に専念しようとしたのである。

坂東に進出した河内源氏諸流のうち、このレースに勝利したのは保元の乱に際して後白河天皇方の武力を構成した源義朝と足利義康であった。ただし、義康の台頭は正室の実家（院近臣を輩出した熱田大宮司家）をともにし、本領所管国の受領である義朝との連携に負うところがあったようで、(21)義朝の優位は覆うべくもなかった。やはり義家以来の河内源氏嫡流に伝えられた坂東における所領・家人を義朝が継承したことがその最大の要因といえるのであるが、坂東における源氏嫡流の軍事的基盤を考えるうえで注目すべきことは、畿内近国出身の直属郎等を各地に配置していることである。源義家の「ことに身したしき郎等」（『奥州後三年記』下巻）であった首藤資通《すどうすけみち》の子孫は、十二世紀前半に下野に那須《なす》氏（『那須系図』）・小野寺《おのでら》氏、相模に山内《やまのうち》首藤氏を興しており、(22)「在京人」であった大中臣実経《さねつね》は義朝ないし義平から武蔵国六浦庄を与えられている。(23)彼らの所領はいずれも交通の要地であり、在地勢力を編成するための拠点掌握の意図がうかがえる。義朝は子息と直属郎等のネットワークによって坂東における自らのテリトリーを固め、在京活動を続けたのである。

頼朝の優位性

坂東に組織した武力を背景に鳥羽院に登用された源義朝は、保元の乱では上洛した東国武士たちを率いて戦い、乱後下野守に左馬頭を兼ね、内昇殿《うちのしょうでん》という栄誉を得て自立した政治的立場を築き、地方武士の政治的利害を代表して行動しうる軍事権門＝「棟梁」に成長した。(24)しかし、それからわずか三年あまり後に勃発《ぼっぱつ》した平治の乱で、彼は以前から提携関係にあった院近臣藤原信頼の命に従い蜂起して敗北し、東国に逃れる途中、尾張で家人の長田《おさだ》忠致《ただむね》に討たれ、彼のもとに従っていた東国武士団は再び地域間・同族間紛争を再燃させることとなる。乱後、国家の軍事統率権を掌握した平家は東国武士の編成にも取り組んだが、その軍事組織は畿内近国の武士団を中核とする京武者的なあり方を脱せず[25]、ついにこれを克服することができなかったのである。

治承四年(一一八〇)八月に惹起された伊豆の流人源頼朝による反平家の挙兵は、すでに在地紛争の調停機能を期待できないことが明らかな平家を見限った、主に国衙を基盤とする「在地系」武士団の蜂起を誘発した。相模では平家に重用されて「東国ノ御後見《ごこうけん》」(『源平盛衰《げんぺいじょうすい》記《き》』巻二十)と呼ばれていた大庭景親《かげちか》にその権益を侵されていた三浦・中村氏が頼朝に呼応し、下総では平家姻戚藤原氏や「平家方人《かたうど》」の国目代《くにもくだい》に圧迫されていた千葉氏が決起したのである。しかし、頼朝の挙兵を成功に導いた最大の功労者は二万という大軍を率いて参向した上総権介広常《かずさごんのすけひろつね》であろう。

この広常については、頼朝に対して「ナンデウ朝家ノコトヲノミ身グルシク思ゾ、タヾ坂東ニカクテアランニ、誰カハ引ハタラカサン」(『愚管抄《ぐかんしょう》』巻第六)と述べたことが喧伝《けんでん》されて東国独立を志向した存在のごとく評価されているが、平家の有力家人の伊藤《いとう》(藤原)忠清《ただきよ》が上総に流されてきた時、これに「志ヲ尽シ思ヲ運《めぐらし》テ賞翫《しょうがん》シ愛養スル事甚シ」かったといい(『源平盛衰記』巻十九)、また同じく上総に配流された伯耆《ほうき》少将時家《ときいえ》(平時忠《ときただ》の子息)を「聟君《むこぎみ》」として迎え、厚くもてなしたことが伝えられていて、かつて祖父常晴《つねはる》(常時《つねとき》)あるいは父常澄《つねずみ》が義朝を推戴したのと同じ行動を示しているのである。実際、平治の乱後、上総氏には内訌《ないこう》が発生していたようで、中条《なかじょう》家文書『桓武《かんむ》平氏諸流系図』によると、広常の長兄常景《つねかげ》は長寛《ちょうかん》年中（一一六三〜六五）次兄の常茂《つねもち》に殺害され、常茂は広常によって殺害されたのだという。しかも広常による常茂殺害は『吾妻鏡』・『源平闘諍録《げんぺいとうじょうろく》』によって、富士川《ふじがわ》合戦に際して常茂が平家軍の先陣押領使《おうりょうし》として下向した際のことであることが明らかであり、広常の頼朝参向それ自体が上総氏の同族間紛争に起因していたといえるのである。[26]

さて、この頼朝の挙兵を端緒とする治承・寿永内乱の過程では、信濃の木曽義仲をはじめとして上野《こうずけ》の新田義重、常陸の志太義広、甲斐源氏一族ら各地の源氏が蜂起・自立したが、その中でなぜ頼朝が勝ちのこりえたのだろうか。川合康氏はこの点について、「内乱期には各段階において客観的根拠をもつ複数の実在的可能性が存在したのであり、頼朝の反乱軍による覇権の確立、すなわち鎌倉幕府権力の成立は、そのなかの可能性の一つにすぎなかった」と述べている。[27]たしかに内乱における頼朝軍の勝利は必然視すべきではないが、しかし、国衙の掌握や中央権力との交渉など、人脈にも恵まれた頼朝の政策は他に比較してすぐれたものがあり、[28]また地方の武士たちが頼朝に武家の棟梁としての正統性を認め、頼朝自身もその工作に余念がなかったことは明らかなのである。

前述のように、治承・寿永内乱には、かつての「京武者系」間の軍事的テリトリーをめぐる抗争、すなわち調停者同士の対立の再現という側面が見出される。そして、これもすでに述べたように、彼らが調停者として地方社会に君臨するためには常に「貴種」としての再生産をはかる必要があった。このことを踏まえると、頼朝が平治の乱中における除目で、わずか十三歳にして「右兵衛権佐」に任官した経歴を持っていたことは重要であろう（これが公式に認知されたものであったことは、乱後彼が伊豆に配流された際の検非違使の記録に基づく『清獬眼抄《せいかいがんしょう》』の記事から明らかである）。平治の乱以前の頼朝の官歴は教盛《のりもり》・頼盛《よりもり》ら平家の清盛世代と同等であり、受領系院近臣コースの昇進過程にあったのである。[29]ちなみに、平清盛は十二歳で左兵衛佐に任じているが、兵衛佐への補任は『官職秘抄《かんしょくひしょう》』に「公達はこれに任ず、諸大夫においては規模（名誉）なり」と見え、頼朝が加冠《かかん》直後にこの官職に任じられたという経歴は、流人となったのちも、彼を「貴種」として権威づける条件となったのである。[30]なお、頼朝と競合した源氏一族の挙兵当初の官職を見ると、もっとも高いもので甲斐源氏武田有義《ありよし》の左兵衛尉が挙げられる程度で、木曽義仲に至っては無位無官にすぎなかった。ただ、義仲の場合は父義賢が為義の家嫡の地位にあったこと、兄の仲家《なかいえ》が源頼政《よりまさ》（武門の源氏としては異例の従三位《じゅさんみ》に昇進した）の養子になっていたこと、そして以仁王《もちひとおう》（後白河院の第三皇子）の遺児北陸宮《ほくりくのみや》を推戴していたことが挙兵と自立を正当化する根拠になったものと思われる。

貴種・良家・高家

かつての源義朝の家人、そして舅《しゅうと》で、古くから坂東に根を張った「在地系」武士団の代表格である三浦氏の老族長義明《よしあき》は、頼朝の挙兵を「貴種再興」と評したという（『吾妻鏡』治承四年八月二十六日条）。その真偽は措《お》くとしても、『吾妻鏡』の編纂された鎌倉時代後期の武家社会で、武家の棟梁が「貴種」と認識されていたことだけは明らかであろう。

越後の城《じょう》（平）助職《すけもと》（のちに永茂《ながもち》〈長茂〉と改める）の衛府の尉への補任について、「彼は良家《りょうけ》の子であることを自称し、平維繁《これしげ》らと同族なので、卑官と思うのではないか」と懸念を示した蔵人頭《くろうどのとう》吉田経房《つねふさ》に対して、右大臣九条兼実《かねざね》が「源氏平氏の習いでは、諸大夫といっても、みな衛府に任じるのである。助職についてもそれを嫌うべきではない」と述べ、経房がその理に伏したという話が『玉葉《ぎょくよう》』（養和《ようわ》元年八月六日条）に見える。平安中期以降、貴族社会において「公達《きんだち》」（公卿到達可）・「諸大夫《しょたいふ》」（四位・五位）・「侍」（五位・六位）という身分階層が定まっていたが、この記事から当時、源平の京武者が「諸大夫」層に属し、その血統が「良家」と認識される存在であったことが明らかである。一方、『源平盛衰記』などの軍記物語類の表現を見ると、東国武士はその系譜によって「高家《こうけ》」と「党の者」に分類されており、地方に進出した源氏庶流と平氏・藤原氏系の豪族的武士こそがまさに前者に該当する存在であった[31]。また、半井本《なからいぼん》『保元物語』（中　白河殿へ義朝夜討チニ寄セラルル事）には、平清盛軍の先陣を担った伊藤景綱《かげつな》が、敵に向かって「源氏カ、平氏カ、党カ、高家カ、名乗給《なのりたま》へ」と呼び掛ける場面があるが、ここにいう「源氏カ、平氏カ」は棟梁・京武者層を指すことになるだろう。

以上から、貴族社会の身分観念と武士の階層の相関について、流動的な部分を含み相互の間にグレーゾーンが存在することを前提に整理すると、「貴種」・棟梁＝公達へ至る可能性を有する諸大夫上層、「良家」・京武者系豪族的武士＝侍上層から諸大夫層、「高家」・在地系豪族的武士＝侍下層という図式を描くことができると思う。

ちなみに、平泉藤原氏について、その身分・階層を評価するうえで注目すべきは、秀衡が源頼朝と対戦するために義経を擁立しなければならなかったという事実である。この段階までに義経は検非違使判官・伊予《いよ》守に任じられていて、明らかに京武者としての身分を確立していた。また頼朝の弟であるという点で、棟梁たる資格を有する存在と見ることも可能であろう。なお、武士ではないが、すでに秀衡のもとには、彼の舅として摂関家と深いつながりを持つ前民部少輔《さきのみんぶのしょうゆう》藤原基成《もとなり》があったことも看過しがたい。奥羽に強大な勢力を誇ったとされる平泉藤原氏であるが、京都の王権につながる権威に依存することなしに、その繁栄は維持できなかったのである。

注

（1）貫達人「官位と族長」（『三浦古文化』四、一九六八年）

（2）野口実「中世成立期における武蔵国の武士について——秩父平氏を中心に」（岡田清一編『河越氏の

研究』名著出版、二〇〇三年。初出は一九九七年）、同『武家の棟梁源氏はなぜ滅んだのか』（新人物往来社、一九九八年）
（３）木村茂光「武蔵国橘樹郡稲毛荘の成立と開発」（『地方史研究』四〇―五、一九九〇年）
（４）元木泰雄「保元の乱における河内源氏」（『大手前女子大学論集』二二、一九八八年）
（５）安田元久『日本初期封建制の基礎研究』（山川出版社、一九七六年）
（６）米谷豊之祐「佐竹家の祖――源義業」（『古代文化』五四―六、二〇〇二年）
（７）志田諄一「武田義清・清光をめぐって」（『武田氏研究』九、一九九二年）
（８）金沢正大「治承・文治大乱に於ける佐竹源氏――治承・寿永内乱から奥州兵乱へ」（『政治経済史学』一七六・一七七、一九八一年）
（９）前掲志田諄一「武田義清・清光をめぐって」
（10）五味文彦「甲斐国と武田氏」（『武田氏研究』一九、一九九八年）
（11）前掲五味文彦「甲斐国と武田氏」
（12）峰岸純夫・小谷俊彦・菊地卓「中世の足利」（『近代足利市史　第一巻』足利市、一九七七年）
（13）須藤聡「平安末期清和源氏義国流の在京活動」（『群馬歴史民俗』一六、一九九五年）
（14）戸田芳実『中右記――躍動する院政時代の群像』（そしえて、一九七九年）
（15）前掲須藤聡「平安末期清和源氏義国流の在京活動」
（16）前掲峰岸純夫・小谷俊彦・菊地卓「中世の足利」
（17）前掲須藤聡「平安末期清和源氏義国流の在京活動」
（18）前掲須藤聡「平安末期清和源氏義国流の在京活動」
（19）岡陽一郎「中世居館再考」（五味文彦編『中世の空間を読む』吉川弘文館、一九九五年）
（20）前掲五味文彦「甲斐国と武田氏」
（21）前掲元木泰雄「保元の乱における河内源氏」

(22) 野口実『坂東武士団の成立と発展』(弘生書林、一九八二年)
(23) 網野善彦「桐村家所蔵「大中臣氏略系図」」(同『日本中世史料学の課題——系図・偽文書・文書』弘文堂、一九九六年。初出は一九八二年)、石井進「中世六浦の歴史」(『三浦古文化』四〇、一九八六年)
(24) 元木泰雄『武士の成立』(吉川弘文館、一九九四年)
(25) 前掲元木泰雄「保元の乱における河内源氏」
(26) 野口実『中世東国武士団の研究』(高科書店、一九九四年)
(27) 川合康「治承・寿永の内乱と地域社会」(同『鎌倉幕府成立史の研究』校倉書房、二〇〇四年。初出は一九九九年)
(28) 上横手雅敬『日本中世政治史研究』(塙書房、一九七〇年)、前掲野口実『中世東国武士団の研究』など
(29) 白根靖大『中世の王朝社会と院政』(吉川弘文館、二〇〇〇年)
(30) 前掲野口実『武家の棟梁源氏はなぜ滅んだのか』
(31) 明石一紀「将家・兵の家・党」(民衆史研究会編『民衆史研究の視点——地域・文化・マイノリティ』三一書房、一九九七年)、前掲野口実「中世成立期における武蔵国の武士について——秩父平氏を中心に」

2　平治の乱における義朝

その日の義朝

首謀者藤原信頼の政治的力量や、二条天皇親政派の公卿たちの思惑などは、今の義朝にと

っては二の次の問題でしかなかった。後白河院の近臣、そして駿馬と武器・武具の材料の供給地である武蔵国や陸奥国の知行国主として、自分を支援してくれた信頼が、今より強い権力を掌握してくれれば、武門としての自らの地位の安定と向上が期待できるのである。起《た》ち上がるしかない。

平治元年（一一五九）十二月四日、平清盛がわずかな従者を連れて京都を離れ、熊野詣に出発したあと、機会を狙っていた信頼と義朝は行動を起こした。

九日の夜半、権中納言《ごんちゅうなごん》信頼の率いる義朝の軍勢は隠密裡《おんみつり》に後白河院の御所である三条東殿（左京三条三坊十三町）に押し寄せた。院を無理やり車に乗せ、大内裏《だいだいり》の一本御書所《いっぽんごしょどころ》に移すとともに、常々この御所に子息たちとともに祗候している近臣信西《しんぜい》入道（藤原通憲《みちのり》）の捜索にあたった。しかし、信西の姿は見えず、義朝らは御所に火をかけて、防戦する者たちを女房ともども皆殺しにし、さらに信西の宿所である姉小路《あねこうじ》西洞院《にしのとういん》邸を焼き打ちにした。ここでは、信西が姿を変えている可能性を想定して、邸中から逃げ出そうとする人々を女や子供の見境なしに斬り殺すという惨劇が繰り広げられた。義朝の軍勢は放火という東国の合戦のような作戦をとったのである。これは平安京遷都以来初めての京中における合戦であった。

しかし、ついに信西の姿は見えず、三条東殿にいた信西の妻紀二位《きのにい》は背が低いのを利して上西門院《じょうさいもんいん》（後白河院の姉・統子《むねこ》内親王）の衣の裾に隠れて牛車《ぎっしゃ》に乗り込んで内裏に逃れ、信西の子息の俊憲《としのり》・貞憲《さだのり》も炎に包まれた院御所から巧みに脱出を遂げている。

義朝の長男義平は京都の情勢が不穏であるとの情報を得て急遽《きゅうきょ》上洛してきたが、さすがに鎌倉悪源太《あくげんた》と称せられるだけあって合戦の駆け引きには練達している。さっそく、信頼に清盛を討つべきことを進言した。京都に戻ろうとする清盛を阿倍野《あべの》（大阪市）で待ち受けて、これを討ち取ろうというのである（『平治物語』）。

この義平の献策が事実であったかどうかは定かではないが、清盛は六波羅に多くの一門をのこしており、また京都の周辺には彼の郎等が多数存在したから、わずかな兵力しか動員できない義朝・義平が清盛を討つことがはたして可能であったかどうか、はなはだ疑問とせざるをえない。

一方、クーデターに参加した公卿たちもこれには消極的であった。首謀者の信頼にしても、彼の嫡男信親《のぶちか》は清盛の娘と結婚しており、政権を掌握した後は平家とも連携して武門の統合者としての地位をさらに強化しようと目論《もくろ》んでいたのである。彼らは既得権を脅かす新興の近臣信西を抹殺するという一点において結束したのであり、二条天皇の親政を目的とする藤原経宗《つねむね》・惟方《これかた》らは、必ずしも清盛を敵とは見なしていなかった。

藤原信頼は、『平治物語』に「文にもあらず、武にもあらず、能もなく芸もなし」と酷評されているが、それは有能な信西と対比するための過度な文飾と捉えるべきで、参議として公卿に昇進したことから見ても実務能力を有した人物であったことがうかがえるのである。

しかし、一時の廟堂《びょうどう》制圧によって有頂天になってしまった彼は客観的な情勢判断を誤ってし

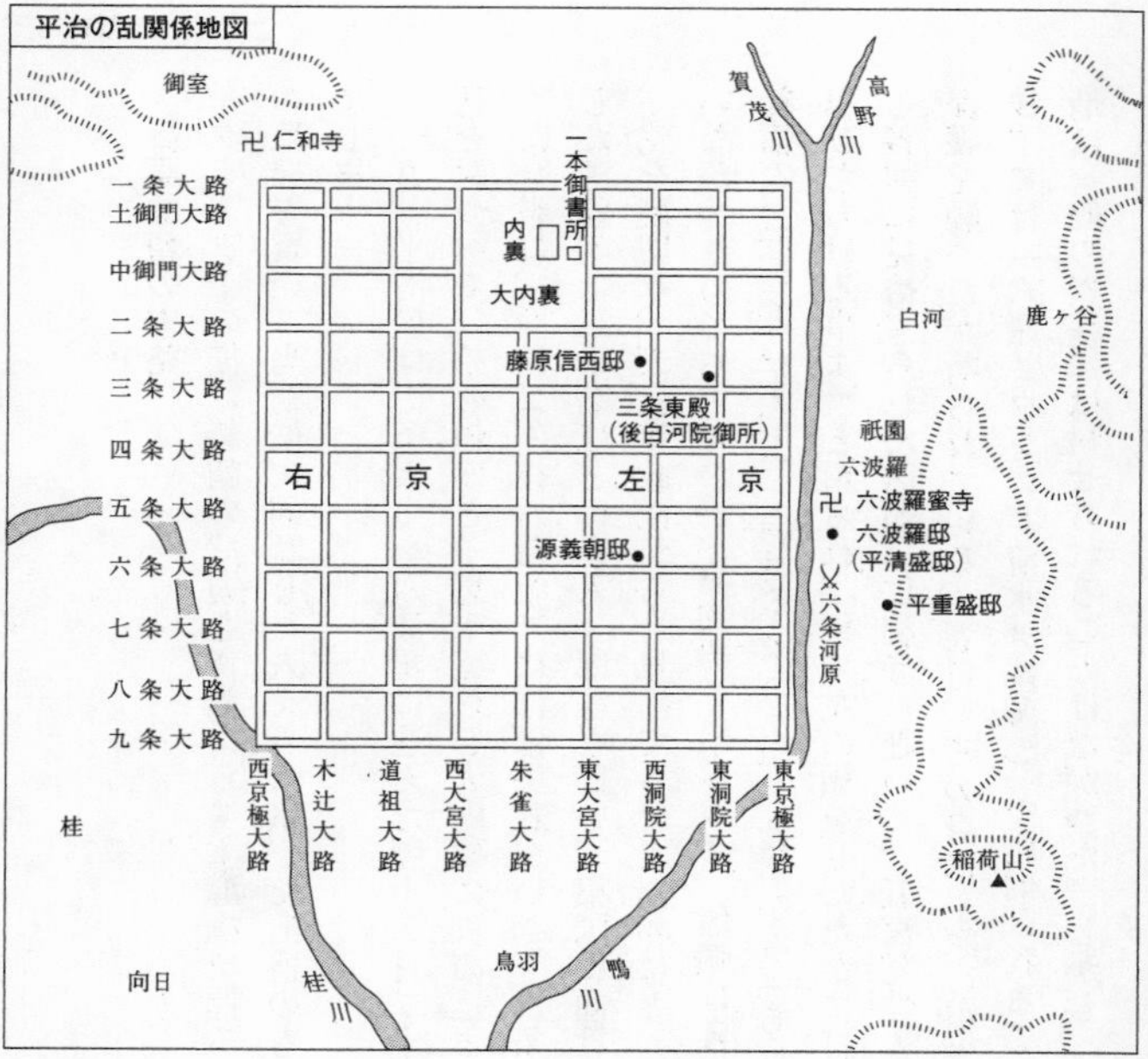

平治の乱関係地図

まったのであろう。六波羅に戻った清盛が、信頼に対して名簿《みょうぶ》を奉呈して異心のないことを誓うと「返々《かえすがえす》悦《よろこび》テ承リ候ヌ。此旨《このむね》ヲ存候テ、何事モ申承候ベシ。尤《もっとも》本意《ほい》ニ候」（『愚管抄』巻第五。巻数は以下同じ）と快く了承してしまったのである。

かくして、義朝は清盛を公然と攻撃する立場を喪失した。平治の乱を、平清盛・源義朝という二大武門の対立という側面から捉えた場合、早くもこの時点で両者の勝敗の帰《き》趨《すう》は決定づけられたといえよう。

てしまう。

藤原信頼の末路

クーデターの後、義朝の武力を背景にして主導権を握ろうとした信頼は、二条天皇親政派の反発を買い、当初彼に同調した人々も入京した清盛のもとに結集したため、完全に孤立してしまう。

一方、平清盛は二条天皇を六波羅に迎えた翌十二月二十六日、早くも勅を奉じ、信頼・義朝を討つべく、弟の頼盛と子息重盛《しげもり》らを大内裏に攻め込ませた。巳刻《みのこく》（午前十時頃）に始まった合戦は、酉刻《とり》（午後六時頃）にほぼ決着がつき、六条河原に打って出たものの大敗を喫した源義朝は三十騎ほどの家人・郎等を伴い、東国に向けて落ちていった。

院を裏切り、天皇親政派からも見捨てられた信頼にとって、まず頼るべき相手は義朝しかいなかったのであろう。『平治物語』によると、信頼は乳母子《めのとご》の式部大夫藤原資能《すけよし》とともに義朝の一行に追いすがって同道を求めたが、義朝から「あれ程の大臆病の者が、かゝる大事を思ひたちける事よ」と罵《ののし》られ、鞭《むち》で左の頬をしたたかに打たれて置き去りにされたという。

義朝に見捨てられた信頼は仁和寺《にんなじ》に赴いて、五宮覚性《ごのみやかくしょう》入道親王（鳥羽上皇の第五皇子）に保護を願ったが断られている。翌日、その身は平家に引き渡され、即日、六条河原（『愚管抄』では「六原《ろくはら》ノウシロニ清水アル所」）で処刑されることになる。享年二十七。当時、死刑は一般の貴族には科せられることはなかった。しかし、信頼は武装して戦闘に参加しているので、武士と同じ扱いを受けたのであろう。

藤原経宗・惟方の目論見

藤原経宗・惟方にとって、二条天皇による親政こそが終極の目的であった。信西と信頼という院近臣の対立に乗じて親政の実現をはかるために、経宗と惟方はクーデターに協力したのであった。

権大納言藤原経宗は二条天皇の生母懿子《よしこ》の弟であった。二条天皇の即位によって正二位に叙された彼にとって、天皇親政の実現は自らの地位向上に大いに利するところがあったわけである。彼の母（藤原公実《きんざね》の娘）は待賢門院（璋子）と姉妹だから、経宗は後白河院とは従兄弟の関係にあり、院庁の公卿別当に名前を連ねていたのだが、それは形式的なものにすぎず、自らの立場を巧みにボカしていたともいえる。

一方の惟方は、母の俊子《としこ》が二条天皇の乳母《めのと》であったから、天皇の乳兄弟ということになる。そのため、天皇即位の年に正四位下《しょうしいのげ》参議兼左兵衛督《さひょうえのかみ》になり、検非違使別当の要職に就任したば

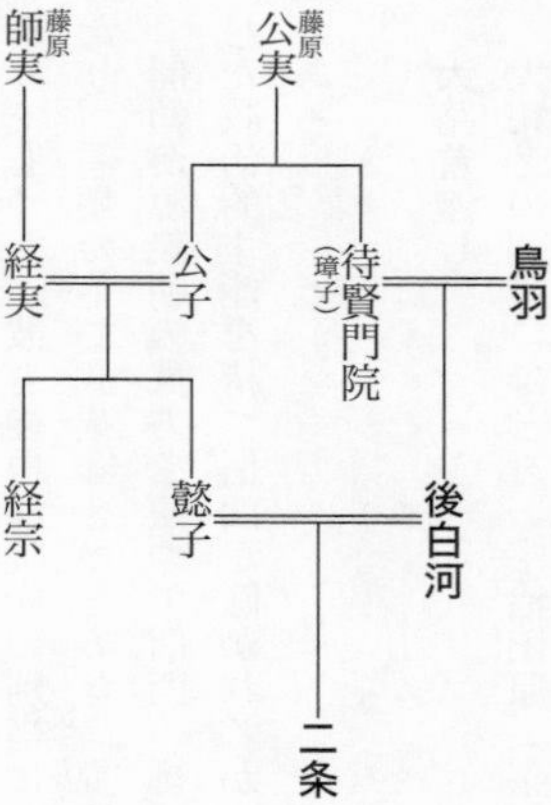

かりであった。彼も後白河院庁の別当になっており、乱の張本である藤原信頼は彼の甥にあたり、信頼の弟で武蔵守をつとめた信説《のぶとき》は婿という関係にあった。

信頼が源義朝の武力を使って信西の排斥をはかろうとしている。これが成功すれば、卓抜した政治的才能を持つ信西が除かれるから、院政の崩壊は必至である。惟方はそう考えたのであろう。

大路首渡し

大和との国境にほど近い宇治田原《うじたわら》（京都府宇治田原町）まで逃れて自殺した信西の首が、十二月十七日、追捕《ついぶ》にあたった前出雲守源光保《みつやす》から検非違使右衛門尉源資経《すけつね》に渡され、西獄門の樹上に晒《さら》された。熊野詣の留守にクーデターが発生したことを知った平清盛が六波羅に戻ったのは、ちょうどこの日のことである。

『平治物語絵巻』には、検非違使の源資経が火長《かちょう》・放免《ほうめん》・看督長《かどのおさ》や武者たちを従えて隊列を整え、三条大路を西獄門に向かう様子が、これを一目見ようと集まった貴族の牛車《ぎっしゃ》・僧俗男女が群集した中に活写されている。鎧《よろい》を着けず黒の駿馬にまたがった源資経は、おそらく畿内近国の在地領主層の出身であり、とすれば、彼の検非違使としての実質的な機能は、その私的武力に依存していたことになるであろう。

ちなみに、この都大路に首を渡す（「大路首渡し」）という儀式の行われたことが初めて確認できるのは康平《こうへい》五年（一〇六二）、前九年合戦の終結した年に、源頼義が安倍貞任・重任《しげとう》らの首級を伴って入京したときのことである。この時、頼義はすぐには入京せず、貞任らの首を長刀《なぎなた》につけて都（平安京域）の外で示威行動をした後、四条京極の河原で検非違使に首を引き渡し、検非違使の一行は上下貴賤《きせん》の注視する中を四条大路を西行し、朱雀大路を通って西獄門に至り、獄門の木に梟首《きょうしゅ》したのである。

その後も、寛治《かんじ》八年（一〇九四）の平師妙《もろたえ》父子をはじめとして、源義親・同義朝・木曽義仲・平宗盛《むねもり》（清盛の三男）、さらには嘉吉《かきつ》の乱（室町時代、六代将軍足利義教《よしのり》が暗殺された事件）を起こした赤松満祐《あかまつみつすけ》など、多くの武士の首が都大路を渡され、獄門の木に懸けられている。

首渡しのパレードは、王都たる京都にとって、切っても切れないイベントであり、それを見物する京都の市民たちは、そのたびごとに盛者必衰《じょうしゃひっすい》の摂理を悟らされたに違いない。

平清盛の登場

すべては経宗・惟方らの目算通りに進んだ。信頼は信西を抹殺したことで有頂天になり、すでに人々の信望を失っている。あとは大内裏の警固にあたっている源義朝の従兵たちの目を欺いて、天皇を六波羅に脱出させるだけだ。

十二月二十五日の夜明け前、いくつかのスリリングな局面を経て、天皇の六波羅遷幸は完了した。経宗・惟方の二人が「主上《しゆじよう》ニハツキマイラセテ」（『愚管抄』）いたのは、もちろんのことである。

勅を奉じた清盛の軍勢は、義朝の軍勢を圧倒。藤原信頼は捕らえられ、二十七日に処刑されたのは前述の通りである。ここに院政派の巨魁《きよかい》は消滅し、経宗・惟方の賭けは大成功に終わった。二人は「世ヲバ院ニシラセマイラセジ、内（天皇）ノ御沙汰ニテアルベシ」（『愚管抄』）と公言して一挙に二条天皇による親政の実現をめざした。しかし、彼らはその過程で、乱の帰趨を決定した平清盛の政治的力量をいささか過小評価していたことを悟らねばならなくなるのである。

清盛が六波羅からの早馬でクーデターの勃発を知ったのは、早くも十二月十日のことであった。ところは紀伊国《きいのくに》。熊野街道沿いの田辺《たなべ》（和歌山県田辺市）あるいは切部《きりべ》（印南町《いなみちよう》）と伝えられる。『愚管抄』によれば、六波羅からの報《しら》せに接した清盛は、「コハイカヾセンズルト思ヒ煩《わずら》」い、「コレヨリタヾツクシ（筑紫）ザマヘヤ落《おち》テ」と筑紫（九州）への逃亡を考えたというが、京都には左馬権頭経盛《つねもり》・大和守教盛・三河《みかわ》守頼盛ら働き盛りの弟たちが多勢を擁してひかえており、乱勃発以前の彼の立場や客観的な状況、それに、事件のその後の展開から考えて、清盛の度を越した杞憂《きゆう》としてしか捉えることはできない。

武将としての清盛

熊野別当湛快《たんかい》から武器の提供を受け、紀伊国の在地武士湯《ゆ》浅宗重《あさむねしげ》や、伊勢から来援した伊藤・加藤両氏の三百余騎を加え、十二月十七日、清盛は六波羅への帰還を果たした。信西の子息で六波羅に逃げ込んできた女婿《じょせい》の成憲《なりのり》を引き渡したことで、信頼方は清盛に対する警戒心をゆるめている。信頼としては警戒心はあったにしても、姻戚関係にある清盛をことさら討とうという気などはないのだから、ここで名簿を捧《ささ》げて臣従を誓っておけば、もうすっかり安心しきってしまうに違いない。そう考えた清盛は、藤原経宗・惟方と秘密裡に連絡をとり、警固に油断の見えてきた大内裏から天皇・院を脱出させる作戦に取りかかる。一方、信頼はクーデターの成功を疑わず、信西の子の俊憲らを流罪とするなど、現状の認識を欠いたまま、事後の処分に躍起となっていた。

十二月二十五日未明、天皇の六波羅遷幸は無事達せられ、これを知った公卿たちが続々と六波羅に詰めかけてくる。政略に勝利した清盛にとって、坂東で鍛えられた義朝の「武勇」など、なんら恐るるには足らないものであった。

関白藤原基実《もとざね》が天皇のいる六波羅に参向した時、基実が信頼の縁者であるという理由によって、その受け入れを躊躇《ちゅうちょ》する人々のいるなかで、清盛は「参ラセ給ヒタランハ神妙ノ事ニテコソ候へ」と心おきなく迎え入れて、「アハレヨク申物カナ」と周囲の人々を感心させている。二十六日、源義朝の軍が六波羅に迫った時には、大鍬形《おおくわがた》の甲《かぶと》と黒革威《くろかわおどし》の鎧に身を固めて黒馬に乗り、二、三十人の歩行《かち》の武者を従えながら「物サハガシク候。見候ハン」と言って、「ハタ〳〵」と出撃しており、この時の清盛の姿は、居並ぶ公卿たちの目に「時ニトリテヨニタノモシ（頼もし）カリケレ」と映ったというから（『愚管抄』）、やはり並々ならぬ名将であったことは疑えない。

保元・平治の乱における清盛の行動について詳しく述べる余裕はないが、情勢判断・戦略ともにすぐれたものがあり、この点では源義朝などはるかに及ばないものがあった。右の『愚管抄』の話からは、清盛が武家の棟梁たるにふさわしい大きな「度量」を身につけていたことも看取できよう。

敗走する義朝

六条河原で大敗した源義朝は三十騎ばかりの家人・郎等を伴って、鴨《かも》の河原を北へ北へと逃れていった。彼は鴨川を遡り、高野川《たかのがわ》の谷に入って、そこから八瀬《やせ》・大原《おおはら》を経て、山越えで近江に出、そこから東国に下るというコースを予定したのである。

義朝は「坂東そだちの者」（『保元物語』）あるいは「上総曹司」（『天養記《てんようき》』）といわれたように、少年の頃から坂東の武士団の統合を進め、特に上総氏や三浦氏など南坂東の有力武士たちを配下に組織していた。したがって、東国への脱出こそが、彼にとって再起への前提となる行動だったのである。

しかし、東国に向かった義朝には大きな気がかりがあった。それは都にのこしてきた娘た

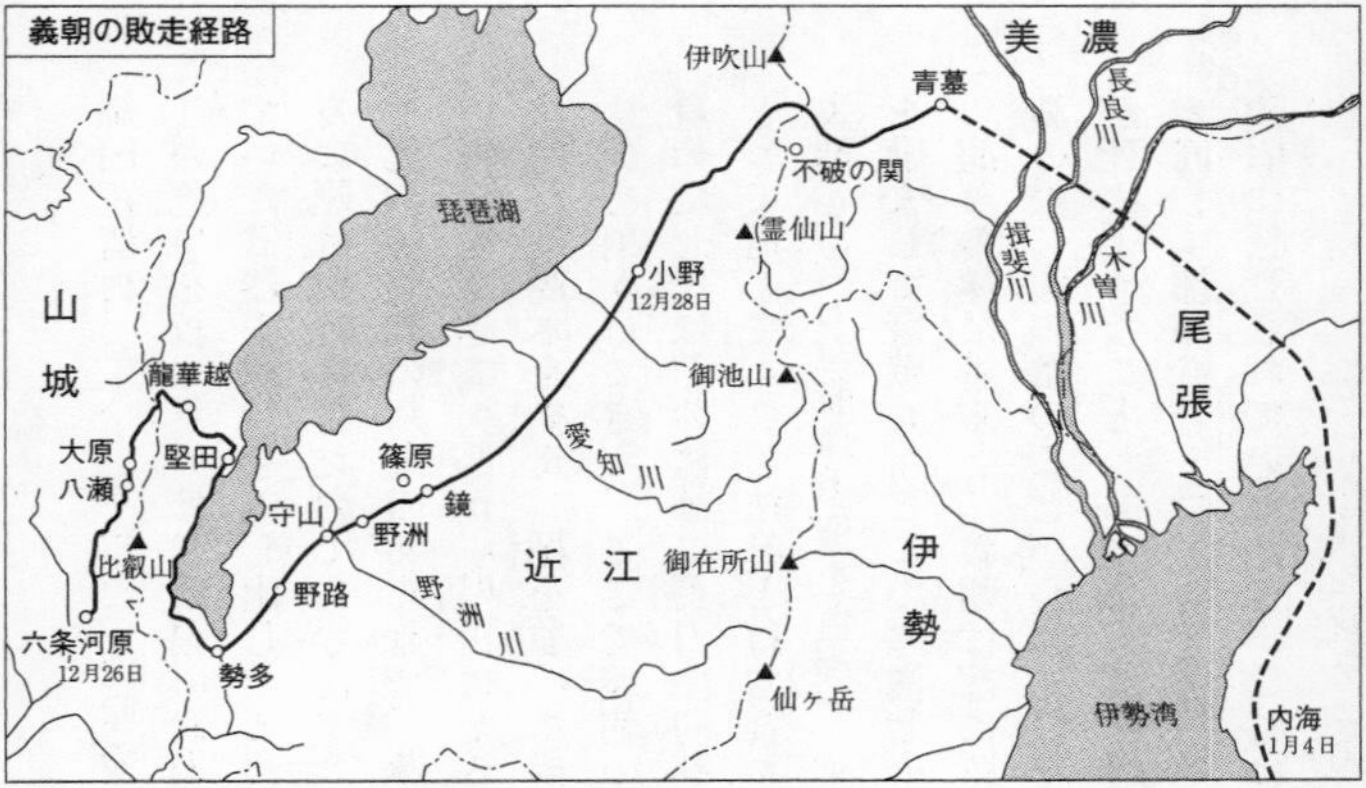

ちの処置である。

義朝が江口《えぐち》（大阪市東淀川区）の遊女に生ませた姫はすでに十四歳になっていた。乳兄弟でもある専一の郎等鎌田《かまた》正清《まさきよ》に預けていたが、その正清も義朝とともに東国に落ちることになる。保護者を失った姫が不幸な目に遇《あ》うことは目に見えている。義朝は正清に対して都に戻って彼女を殺してくるように命じるのである。

正清が六条堀河の義朝の邸に引き返してみると、姫は持仏堂《じぶつどう》で念仏を唱えていた。正清が合戦の結末を語ると、彼女は自分を殺して父の見参《げんざん》に入れるように懇願する。正清は姫の首を落として義朝のもとに届け、義朝は東山辺に住む旧知の僧にこれを託し、弔いを頼んで再び落ちていく。

ようやく大原のあたりまで逃げおおせた義朝の一行の前には、比叡山《ひえいざん》西塔の荒法師どもが、千束《ちつか》が崖《がけ》に陣取って待ち構えていた。これを知った義朝は、鎌田正清に、「大内裏か六条河原の合戦で討死すればよかったものを」と弱音を吐いたが、この危急を救ったのは武蔵国の武士長井斎藤別当実盛《ながいのさいとうべっとうさねもり》であった。実盛は、山法師たちに持っていた武器や武具を差し出し、これを法師たちが奪い合っている間に、義朝以下三十騎を一斉に駆け抜けさせたのであった。

比叡山西麓《せいろく》の八瀬のあたりで、藤原信頼が追いすがってきたが、義朝はこれを追い返し、一行は龍華越《りゅうげごえ》（大原から堅田《かたた》に至る峠道）に向かった。ここには、二、三百人ばかりの横川《よかわ》法師が逆茂木《さかもぎ》を構え、楯《たて》を並べて待ち構えており、通過しようとする義朝の一行にさんざんに矢を射かけてきた。ここで義朝の叔父陸奥六郎義隆《よしたか》が内甲を射られて馬からおり、今にも身の丈七尺ほどの法師に長刀で切り伏せられようとしたところ、前にいた上総介八郎広常がとって返して、この法師と打ち合って防いだのだが、結局義隆は討死。義朝の次男の中宮大《ちゅうぐうたい》夫進《ふのじょう》朝長《ともなが》も左股《ひだりもも》に重傷を負ってしまう。義朝は郎等に義隆の首を取らせ、広常以下の一行を励まして奮戦し、ここで悪僧七十余人を討ち取ったという。

龍華の麓《ふもと》に着くと、義朝は都に置いてきた正妻（院の近臣で熱田大宮司をつとめる藤原季範の娘）腹の娘のことが心配になり、郎等の後藤実基《ごとうさねもと》に、都に戻ってこの姫を養育し、自分が死ぬようなことがあったら、その菩提《ぼだい》を弔わせるように命じた。この実基は、もとは義朝と同じ「都の武者」（中央軍事貴族）の家の出身であり、保元二年（一一五七）十月、右兵衛尉に任ぜられていたから、これは彼が厳罰を免れることを予想しての義朝の配慮であったのだろう。

その後、この姫は母方の保護のもとで成人して一条能保《いちじょうよしやす》という中級貴族の妻となった。彼女の同母兄である頼朝が鎌倉に武家政権を樹立すると、能保は妻の関係から頼朝の対朝廷交渉に助力するとともに、その後援を得ることによって権勢を恣《ほしいまま》にすることになるのである。

義朝の最期

龍華越を通過した一行は、堅田の浦（大津市）に向かい、義朝はここで念仏を唱えた後、義隆の首を湖水に沈めた。義朝はここから船で琵琶湖《びわこ》を渡るつもりだったのだが、あいにく波風が激しいために便船を見つけることができなかったので、やむをえず、もと来た道を引き返して東坂本《ひがしさかもと》に出、そこから南下して勢多《せた》（瀬田）をめざした。義朝は、勢多を渡って東近江にかかったところで、東国での再会を期し、目につかないように、一行の分散を命じている。義朝の在京活動に従った波多野次郎義通・三浦荒次郎義澄《あらじろうよしずみ》・長井斎藤別当実盛・岡《おか》部《べ》六弥太忠澄《ろくやたただずみ》・猪俣金平六範綱《いのまたのこんぺいろくのりつな》・熊谷《くまがい》次郎直実《なおざね》・平山《ひらやま》武者所《むしゃどころ》季重《すえしげ》・足立《あだち》右馬允《うまのじょう》遠元《とおもと》・金《かね》子《こ》十郎家忠《いえただ》、それに上総介八郎広常ら二十余人の郎等たちは、それぞれ思い思いに東国へと落ちていった。

その結果、義朝に従うのは、子息の義平・朝長・頼朝、それに源氏一族の佐渡式部《さどのしきぶ》大夫《たいふ》重《しげ》成《なり》と平賀《ひらが》四郎義信《よしのぶ》、そして義朝直属の郎等である鎌田兵衛尉正清と渋谷《しぶや》金王丸《こんのうまる》の七人となった。時はちょうど二十七日の夕刻にさしかかる頃で、六条河原から逃走して、ようやく一日が過ぎようとしていた。

ここから義朝の逃避行は、まさに辛苦に満ちたものとなる。一行は不破の関（岐阜県関ケ原町）をめざして琵琶湖の東岸を北上するルートをたどるが、その途中、野路《のじ》（滋賀県草津市）のあたりから、十三歳で初陣の頼朝は疲労に耐えきれずに馬上で眠り、一行に遅れてしまう。一行にはぐれたことに気がついたのは二十七日の夜更けのことで、行く先はまったく見えない。ただ一騎で守山《もりやま》の宿（守山市）に着いたが、宿の沙汰人源内真弘《げんないさねひろ》に怪しまれたため、これを斬って宿を馳せ過ぎ、野洲河原《やすがわら》で頼朝を捜しに篠原《しのはら》（野洲市）から引き返してきた鎌田正清に行き会い、鏡《かがみ》の宿（竜王町）に入るところで、ようやく義朝の一行に追いつくことができた。

安堵《あんど》したのも束の間のこと。不破の関は敵が厳重に固めている様子なので、小野《おの》の宿（彦根市）から道を左に折れて、その北方の小関《こぜき》（関ケ原町）をめざしたが、この日、二十八日は猛吹雪で、前方の視界を遮られ、降り積もった雪に脚を取られて馬は身動きができない有様であった。一行は秘蔵の名馬、重代《じゅうだい》の鎧や武具を打ち捨てながら進んだが、ここで再び頼朝の姿が見えなくなってしまう。

その後、一行は美濃の青墓の宿（岐阜県大垣市）にたどり着き、ここで三手に分かれた。義朝は鎌田正清と二人で、源氏の家人で正清の舅でもある尾張の野間内海《のまうつみ》庄（愛知県美浜町・南知多町）の庄司長田忠致《おさだただむね》を頼った（七五頁の地図には陸路を想定して示したが、河川・海上を経由した可能性が高い）が、翌年正月四日、忠致の裏切りにあって主従ともにあえない最期を遂げてしまうのである（『愚管抄』『平治物語』『帝王編年記』）。

平治の乱で敗北後の義朝の行動、特に都落ちのルートなどについては、『愚管抄』に「サテ義朝ハ又馬ニモヱノラズ、カチハダシニテ尾張国マデ落行《おちゆき》テ」と記されるくらいで、確かな史料からは知ることができないから、多くを『平治物語』に依拠せざるをえず、これまで述べてきたことが事実であるかどうかは知る由もない。しかし、義朝の選んだルートには不合理はないので大筋は認めてよいものと思われる。また、ここに描かれている義朝の人物像は、『平治物語』が書かれた当時の都人たちが東国武士に対して抱いていた「粗暴かつ短慮」というイメージを見事に具象化したようにもとれるのである。

ちなみに、私には『平治物語絵巻』に描かれた義朝の姿も、これとオーバーラップするものが感じられるのだが、いかがなものであろうか。

3　頼朝以前の鎌倉

「源氏ゆかりの地」の虚実

治承四年（一一八〇）八月、伊豆に挙兵した源頼朝は、わずか一ヵ月余りで坂東南部を制圧。十月には相模国鎌倉に入って、ここを本拠と定めた。そして「所《ところ》は素《もと》より辺鄙《へんぴ》にして、海人野叟《かいじんやそう》の外《ほか》は卜居《ぼっきょ》の類《たぐい》少なし」という鎌倉に「閭巷路《りょこうみち》を直《じき》にし、村里《そんり》に号を授く」。その結果、「家屋甍《いらか》を並べ、門扉《もんぴ》軒を輾《きし》る」という殷賑《いんしん》を示すようになったという。

　これは鎌倉幕府の公的歴史書である『吾妻鏡』（治承四年十二月十二日条）の記すところであるが、編纂者の立場から、頼朝入部の意義を強調するあまりに、入部以前の鎌倉をことさら小さく評価したように受け取られる。この点について私は、旧著『鎌倉の豪族Ｉ』[1]の冒頭で、鎌倉が源氏の東国進出以前の十一世紀初頭の頃から坂東武士の社会の中で重要な位置を占めていたという見通しを述べたことがある。

　最近の武士の研究では、武士と鉄・馬の生産との関わりや、武具などの流通の問題などが取り上げられて、武士がきわめて都市的な存在であったことが明らかにされつつある[2]。そのようななか、平泉における考古学的調査も進められ、奥羽の武家の棟梁ともいうべき平泉藤原氏が、宗教に荘厳《しょうごん》され、流通の中心である「都市」を構成し、そこに自らの居所を置いていたことが知られるようになった[3]。

　日宋貿易に関与し、瀬戸内海の水運を支配下におさめた平家が、京都という日本列島において圧倒的に大きな経済的地位を占める都市を基盤に存在したことは言をまたない。では、源氏はどうなのか。頼朝以前の源氏とて、東国武士団を傘下におさめた武家の棟梁であった。奥羽に進出して前九年・後三年の合戦を戦ってもいる。そうした東国における実力を背景に、中央にも活躍の場を得た。頼朝鎌倉入部の理由の一つが「御曩跡《ごのうせき》」、すなわち先祖ゆかりの地ということであったと『吾妻鏡』（治承四年九月九日条）が記すように、その東国における本拠こそ鎌倉だったのである。

新しい研究状況を踏まえて、頼朝入部以前の鎌倉についてもう一度考えてみたい。

交通・軍事の要衝

奈良時代末まで、関東平野における東海道の下りのコースは、相模国府から東へ進み、鎌倉を通って三浦半島の中央部の谷間を通過して東海岸に出、そこから浦賀《うらが》水道を渡って房総半島に上陸。そして安房・上総・下総・常陸と北上するものであった。

東海道のコースが変わったのは、それまで東山道に属していた武蔵国が東海道に編入されたからで、それによって、相模国府から北上して相模原の台地を横切り多摩《たま》丘陵を越えて武蔵国府に出、そこから隅田川《すみだがわ》・太日川《ふとひがわ》（現在の江戸川《えどがわ》）等の流れる低湿地帯を経て下総国府に出るというのが相模から房総方面への正式なコースになったのである。(4)しかしこれは、常陸さらに陸奥に向かうには便利だが、房総半島の特に上総や安房との往復には不便であり、中世に至っても東京湾の水上交通は活況を呈していた。(5)

したがって鎌倉は、古代・中世を通じて中央と房総半島のつなぎ目の役割を果たす要地であった。

鎌倉については、古く『古事記』に「鎌倉之《かまくらの》別《わけ》」を称する皇族系の豪族の存在が記され、『万葉集』の東歌《あずまうた》にも鎌倉をよんだ歌が三首も収められている。また『正倉院文書』に収める天平《てんぴょう》七年（七三五）の「相模国封戸《ふこ》租《そ》交易帳《こうえきちょう》」には鎌倉郡内の郷として尺度《さかと》郷と荏草《えがや》郷の名が見え、さらに正倉院にのこる調《ちょう》の布に片瀬《かたせ》郷・沼浜《ぬまはま》郷の名が見える。一方、綾瀬市の宮《みや》久《く》保《ぼ》遺跡からは「鎌倉郷鎌倉里」の文言の見える天平五年の木簡が出土しており、律令制下の鎌倉郡には上記の五つ以上の郷があったことが明らかである。そして、鎌倉駅西の御成《おなり》小学校校庭の発掘調査で奈良時代の鎌倉郡衙の遺構が見つかったことで、考古学的にも古代の要地としての鎌倉の存在が裏付けられている。(6)

源頼義の鎌倉獲得

文献史料の上では、承平五年（九三五）に源順《したごう》が撰《せん》したといわれる『倭名類聚鈔《わみょうるいじゅうしょう》』に鎌倉郡を構成する郷として沼浜・鎌倉・埼立《さきたて》・荏草・梶原《かじわら》・尺度・大島《おおしま》の七郷が見えるくらいで、その後、平安末期に至るまでの鎌倉の状況は不明なことが多い。しかし、やや時代は下るが、鎌倉末・南北朝期に藤沢の遊行寺《ゆぎょうじ》（清浄光寺《しょうじょうこうじ》）にいた由阿《ゆうあ》の著書『詞林采葉抄《しりんさいようしょう》』には次のようなくだりがある。(7)

平将軍貞盛ノ孫上総介直方鎌倉を屋敷とす。爰《ここ》に鎮守府《ちんじゅふ》将軍《しょうぐん》兼伊予守源頼義いまだ相模

守にて下向の時直方の聟と成給ひて八幡太郎義家鎮東将軍出生し給ひしかば鎌倉を譲り奉りしより以来源家相伝の地として

前に述べたように『吾妻鏡』は、頼朝にとって鎌倉が「御曩跡」であったとするが、頼朝以前の源氏との関係について以下のような具体的な事実を挙げている。

①康平六年（一〇六三）頼義が、石清水八幡宮《いわしみずはちまんぐう》を勧請《かんじょう》して鎌倉由比《ゆい》郷に社殿を造営した（治承四年十月十二日条）。

②永保《えいほう》元年（一〇八一）義家がこれに修復を加えた（同）。

③義朝の館は亀谷《かめがやつ》に所在した（同年十月七日条）。

④もとのままのこされていた義朝の沼浜宅（亭）は、建仁《けんにん》二年（一二〇二）に至り、政子の夢想によって栄西《えいさい》の亀谷寺（寿福寺）に壊《こぼ》ち渡された（建仁二年二月二十九日条）。

これらによって、源氏と鎌倉の関係が頼義に始まることは傍証を得たことになる。また頼義が平直方の婿となり、義家が生まれた事情については『陸奥話記』に、

頼義は河内守頼信朝臣の子なり。性沈毅《ちんき》にして武略多し。最も将帥《しょうすい》の器たり。長元《ちょうげん》の

間、平忠常、坂東の姦雄《かんゆう》として暴逆を事となす。頼信朝臣、追討使として平忠常幷《なら》びに嫡子を討つ。軍旅《ぐんりょ》の間に在って、勇決《ゆうけつ》群を抜き、才気世を被《おお》う。坂東の武士、属せんことを楽《ねが》う者多し。もと小一条院《こいちじょういん》の判官代たり。院畋猟《でんりょう》を好む。野中赴く所、麋《び》・鹿《ろく》・狐《こ》・兎《と》、常に頼義がために獲《と》らる。好んで弱弓《じゃっきゅう》を持てども、発《はな》つ所の矢、飲羽《いんう》せずということなし。たとい猛き獣といえども、弦《げん》に応じて必ず斃《たお》る。其の射芸の巧み、人に軼《す》ぎたること斯《かく》のごとし。上野守平直方朝臣、其の騎射に感じ、窃《ひそか》に相語りて曰《いわ》く、「僕不肖《ふしょう》なりといえども、苟《いやしく》も名将の後胤《こういん》たり。偏《ひとえ》に武芸を貴ぶ。しかるに未だ曽《かつ》て控弦《こうげん》の巧み、卿《きみ》のごとく能《よ》くする者を見ず。請う、一女を以て箕箒《きしゅう》の妾《しょう》となさん」と。則《すなわ》ち彼の女を納《い》れて妻となし、三男二女を生ましむ。長子義家、仲子義綱等なり。判官代の労によりて、相模守となる。俗武勇を好み、民多く帰服す。頼義朝臣、威風大いに行われ、拒捍《こかん》の類、皆奴僕《ぬぼく》のごとし。しかして、士を愛し施すことを好む。会坂《おうさか》より以東の弓馬《きゅうば》の士、大半門客《もんかく》となる。

とあり（傍線野口）、さらに義家が平直方の娘の所生であることは、義家とほぼ同年代に在世した関白藤原忠実の談話録である『中外抄』（仁平四年三月廿九日条）にも「義家の母は、直方の娘なり」とあって『詞林采葉抄』の記述がおおむね正確であることが分かる。

とすれば、平直方が鎌倉に所領を持っていたことも事実と見てよいであろう。すなわち源氏と鎌倉との関係は頼義が直方の婿となったことを淵源《えんげん》とするということになるのである。それでは、直方はどのようにして鎌倉の地を所領とすることができたのだろうか。

坂東平氏の拠点

奇異に思われるかもしれないが、鎌倉はもともと平氏の根拠地だったのである。武門の桓武平氏は、上総介として下向した高望《たかもち》（桓武天皇の曽孫）とその次の世代までに常陸・上総・下総など坂東東部に勢力を築き、鎮守府将軍として奥州に進出する者もあらわれた。しかし、平将門の乱ののち、その鎮定に活躍した貞盛の子孫が国家の軍事力として中央に進出することとなる。(8)武門平氏の族長的地位を占めた貞盛の子維衡《これひら》が伊勢平氏の祖となったことはよく知られているが、彼が伊勢に留住《りゅうじゅう》する（地方に経済基盤を置きながら、京都を政治的活動の場とする）に至ったのは、この地が平氏本来の本拠地である東国への出入口（特に海上からの）に位置していたことが主要な理由であろう。維衡は摂関家に仕え、諸国の受領を歴任しながら中央軍事貴族として活躍した。(9)

一方、直方の父維時《これとき》（貞盛の孫で養子）も同様に藤原道長《みちなが》や小野宮《おののみや》（藤原）実資《さねすけ》に仕え、紀伊守や常陸介を歴任している。彼は紀伊守在任中に国内に私的な勢力の扶植をはかったようで、同国内に宅を持ち、伊都《いと》郡の在地豪族である坂上晴澄《さかのうえのはるずみ》を郎等とするなど、京都での活動の基盤を紀伊に築くに至っている。(10)

一〇一〇年代の後半における武門平氏は、この維衡と維時の二人に代表されるが、維衡は伊勢で平致頼《むねより》と武力紛争を起こして移郷の刑に処せられるなどのマイナス面があったのに対し、維時は堅実に軍事貴族としての活動を行っており、官職補任の順序から見ても維時が武門平氏の族長の地位にあったことはほぼ間違いない。

維時が東国を本来の地盤とする武門平氏の族長であったとするならば、東国にも所領を持っていた可能性は高い。彼自身、もともと貞盛流平氏発祥の地ともいうべき常陸国の介（常陸国は上総国・上野国とともに親王任国であるため、介が実質的な長官）の官歴があり、在任中ここに私領を拡大したかもしれない。ちなみに、伊豆を本貫《ほんがん》（一族の出身地）とする北条氏は維時・直方の子孫を称する（『吾妻鏡』治承四年四月二十七日条）。

しかし、維時の子直方が鎌倉を所領としたということと関連づけて興味を引かれるのは、維時の実父維将《これまさ》が受領としての相模介の官歴を有することである。藤原公任《きんとう》の『北山抄《ほくざんしょう》』（巻十　吏途指南）の記事に維将が相模介として功過定《こうかさだめ》（いわば勤務評定）を受けていることが見え、これは正暦《しょうりゃく》年間（九九〇～九九五）頃のことと考えられるのである。[11] 功過定を受けているということは、受領として赴任したことを意味するから、この間に維将が鎌倉を私領としたのかもしれない。あるいは、それ以前から東京湾沿岸諸国を扼《やく》する位置に所在し、地形的にも恵まれた鎌倉は貞盛流平氏の押さえるところであったのかもしれない。

平忠常の乱と鎌倉

長元元年（一〇二八）に顕在化した平忠常の乱は、武門平氏の族長的地位にあった維時・直方が、かねてから貞盛流平氏・常陸平氏（貞盛の弟繁盛《しげもり》の子孫）一族と対立関係にあって房総半島に大きな勢力を築きつつあった良文《よしふみ》流平氏の忠常を排除することを目的に私戦として拡大した側面が強いことを、私はかつて指摘したことがある。(12) 忠常の反国衙的行動を良文流勢力一掃の機会として捉えた維時・直方が、摂関家とのコネをフルに活用して、直方が追討使、維時が上総介に任ぜられ、忠常の掃討にあたったのである。

ところで、不思議なことに、この維時・直方父子が忠常の追討にあたった頃、坂東八ヵ国のうち、唯一相模国だけが国守の名が史料にまったくあらわれないのである。これは偶然ではなく、国守が任命されなかったからではなかろうか。というのは、房総半島全域が忠常の勢力に席捲されている状況のなかで、これを攻撃するルートは常陸・武蔵方面からと東京湾からしかなく、北からの攻撃は常陸平氏の協力が得られるとすれば、直方らは東京湾から忠常を攻めたはずだからである。房総三国の国府の位置から見ても、東京湾からの攻撃がもっとも効果的だったことであろう。つまり、忠常追討の基地は房総半島対岸の相模国に置かれ、相模はいわば追討料国《りょうごく》として、その支配は追討使直方に委ねられていたのではないかと思うのである。

ちなみに、長元三年（一〇三〇）追討支援の目的で安房守に起用された平正輔《まさすけ》（維衡の子)は、下向にあたって国ごとに二十艘《そう》の船と不動米穀五百石を調達するよう政府に申請している(『小右記《しょうゆうき》』長元三年五月十四日条)。

さて、直方が相模から房総を攻撃したとすれば、その拠点はいうまでもなく鎌倉に置かれたことであろう。

坂東武士の棟梁の居地

維時・直方父子の忠常追討は失敗した。長元三年、直方は追討使を更迭され、翌年、維時も上総介を辞した。在地支配権を賭けた私戦であったからこそ忠常は頑強な抵抗を続けたのである。維時・直方は坂東平氏をも含む武門平氏の族長として君臨する途《みち》を自らの手で閉ざしてしまった。武士(職業的戦士)としての名誉も著しく傷つけてしまった。その武門としての失地回復の手段としてとられたのが、忠常の乱を平定し、新たな坂東の軍事的覇者となった源頼信の子頼義を婿に迎えることであった。先に引用した『陸奥話記』の傍線を施した部分は、直方の心情をよく表現しているように思える。直方は自らの武門としての名誉を頼義に託したのである。頼義はその重い負託と引き換えに、坂東武士の棟梁としての伝統的地位とそれに付随する相模国鎌倉の地を手にしたのであった。彼が相模守という公権を担ったことも鎌倉の価値を高めたことであろう。

義家は血統の上からも新興の源氏と伝統的な貞盛流平氏嫡流の合体した存在であったか

ら、まさに生まれながらの「武士の長者」であった。ちなみに、応徳《おうとく》三年（一〇八六）彼が奥州で清原氏の内紛に軍事介入している頃(13)、相模守に藤原棟綱《むねつな》が任ぜられたが、この人物の母は「上野介平直方女」であり(14)、義家の後方支援の意味を持った人事であったようである。

義家の跡を継いだ為義が直接鎌倉と関係を持ったことを伝える史料はのこされていないが、源氏が東国を軍事的な基盤としたことに変わりはなく、安房国に本主を持つ公政なる犯人を匿《かくま》ったり(15)、美濃国不破郡青墓駅の長者たる内記大夫行遠《ゆきとお》の娘を妾にしたり(16)、箱根山の別当行実に駿河《するが》・伊豆の源氏家人を催促する権限を委ねたり（『吾妻鏡』治承四年八月二十四日条）、遠く陸奥に使いを送って鷲羽や馬を求めたことなどが知られる(17)。また、東国における為義の所領としては、頼義以来相伝の安房国丸《まろ》（満禄）郷（『吾妻鏡』治承四年九月十一日条）や義家の代に獲得したと思われる陸奥国白河《しらかわ》領内の社《やしろ》・金山《かねやま》両村のほか、為義が熊野別当家と姻戚関係を結んだことを背景に立庄の周旋にあたり、なんらかの所職を得たと思われるものとして、上総国畔蒜《あびる》庄・相模国愛甲庄等があった(18)。このうち、愛甲庄には当初、郎従の内記太郎（平大夫《へいたいふ》）を代官として派遣していたが、のちに在地の有力武士団横山《よこやま》党の隆《たか》兼《かね》を下司に補している(19)。また、為義の長男義朝が「上総曹司」と呼ばれたのは、彼が少年期を畔蒜庄で過ごしたためではないかと思われる(20)。

為義が鎌倉に居住する機会は少なかったにせよ、このような源氏の東国支配の要に鎌倉は位置したのであり、保元の乱で敗戦の際、為義が東国に下って鎌倉に都をたてようとしたという『保元物語』（中）の記述も、あながち荒唐無稽とは言いがたいのである。

鎌倉の楯

次の義朝と鎌倉の関係は明確である。天養元年（一一四四）義朝は国衙勢力と連携して相模国大庭御厨に乱入するという事件を起こすが、この時彼は「鎌倉之楯《たて》（館）」を「伝得」し、ここに居住していたという。前年には下総国相馬御厨の支配権をめぐる千葉常重《つねしげ》と上総常澄の抗争に介入、常重から「圧状之文《あつじょうのふみ》」（強制的に書かせた譲り状）を責め取っている。(21)義朝は保安《ほうあん》四年（一一二三）の誕生。常澄は上総曹司と呼ばれた義朝の養育者とみられ、(22)この頃成人に達し、東国の源氏の家人や所領の支配を委ねられた義朝は、鎌倉を本拠にして、自立への行動を展開しはじめたのであった。

大庭御厨乱入の軍事力を構成したのは三浦義明・中村宗平《むねひら》・和田助弘《わだすけひろ》などの相模武士であったが、この時すでに義朝は三浦義明の娘との間に長子義平（鎌倉悪源太）をもうけていた。(23)なお、乱入を受けた大庭御厨の下司大庭景宗《かげむね》は、後三年合戦で義家に従って奮戦した鎌倉景正《かげまさ》（景政）の一族、鎌倉党の嫡流で、しばしば在庁系の三浦・中村氏と在地で対立関係にあったことを指摘されるが、鎌倉郡を基盤に発展したこの一族の中に国衙の庁官《ちょうかん》に名を連ねた「散位《さんい》平高政《たかまさ》」（香川氏の祖）のような存在があったことも見過ごしてはならない。(24)

当時の東国は同族間の紛争がひきもきらず発生し、その調停者として武門の棟梁の活動が期待されていたのであった。

ところで、義朝は波多野義通の妹との間に次男朝長をもうけている。義通は摂関家領相模国波多野庄の在地領主であった。義平の母の生家三浦氏の所領三崎庄も摂関家領で(25)、源氏が摂関家の武力として発展したという事実と対応して興味深いものがある。そのような見方で視野を広げると、頼朝の乳母寒河尼《めのとさむかわのあま》は下野の八田氏《はった》（宇都宮氏《うつのみや》）の出身であるが、この宇都宮氏は関白道兼《みちかね》（藤原道長の兄）の子孫を称しており、同じく源氏譜代の家人で乳母の家である山内首藤氏《やまのうちすどう》の系図にも左大臣藤原師尹《もろただ》を祖と記すものがあり、さらに義朝あるいは義平から武蔵国六浦庄《むつら》を与えられた大中臣氏（那珂氏）も、その系譜を後二条関白師通《もろみち》に結びつけている(26)。

いうまでもなく、この六浦庄は鎌倉の外港として中世東京湾海上交通の拠点であり、鎌倉の東の入口であった(27)。一方、山内首藤氏の所領山内庄は鎌倉の北に隣接しており、中村氏も頼朝の乳母の生家と考えられるから(28)、鎌倉は義朝の姻族・乳母の家を中心とした源氏譜代の家人の所領に囲繞《いにょう》されるような空間となったのである。

都市鎌倉の成立

東国には安房国丸郷や武蔵国大河戸御厨《おおかわど》など源氏相伝の家領も多く(29)、鎌倉は軍事的・政治的な側面だけではなく、経済・流通の面でも大きな役割を担ったことが想定される。ちなみに、極楽寺川《ごくらくじがわ》河口の砂にはきわめて高い比率で砂鉄が含まれており(30)、義朝の宅の所在した沼浜(神奈川県逗子市沼間《ぬまま》)に奥州の刀鍛冶《かじ》が移住したと伝えられることなどを考え合わせると、幕府成立以前から鎌倉で武器の生産が行われていた可能性も、ないとはいえないのである。(31)

入間田宣夫氏は、平泉館には、軍事首長のベースキャンプとしての性格も備えられていたことを指摘している。(32) 一族の宅が軒を連ね、郎等らの屋が門のあたりを取り囲むというベースキャンプの風景が、義朝の時代、ここ鎌倉にも現出していたと、私は考えたい。義朝や義平のもとに出仕するために、東国の源氏家人たちの中に鎌倉に宿館を構える者があらわれても不思議ではあるまい。

前述のように、義朝の鎌倉における別邸沼浜の宅は、平治の乱で義朝が敗れてからも永くのこされていた。とすれば、滅亡を免れたかつての義朝の家人の宿館が頼朝入部の頃まで存在していた可能性は高い。治承四年十二月十二日、頼朝は鎌倉大倉《おおくら》(大蔵)郷に新造なった亭に上総広常の宅から移徙《いし》した(『吾妻鏡』同日条)が、この広常の宅も新築したものだったのであろうか。

さて、すこし想像をめぐらせすぎたようにも思われるが、義朝・義平の活躍した十二世紀半ば頃の鎌倉には、かなりの寺社が存在したようである。海岸寄りには御霊社《ごりょうしゃ》・甘縄神明《あまなわしんめい》社《しゃ》・由比の八幡社・辻《つじ》の薬師堂《やくしどう》があり、北の山寄りには源氏山の東麓の亀谷に所在した源氏

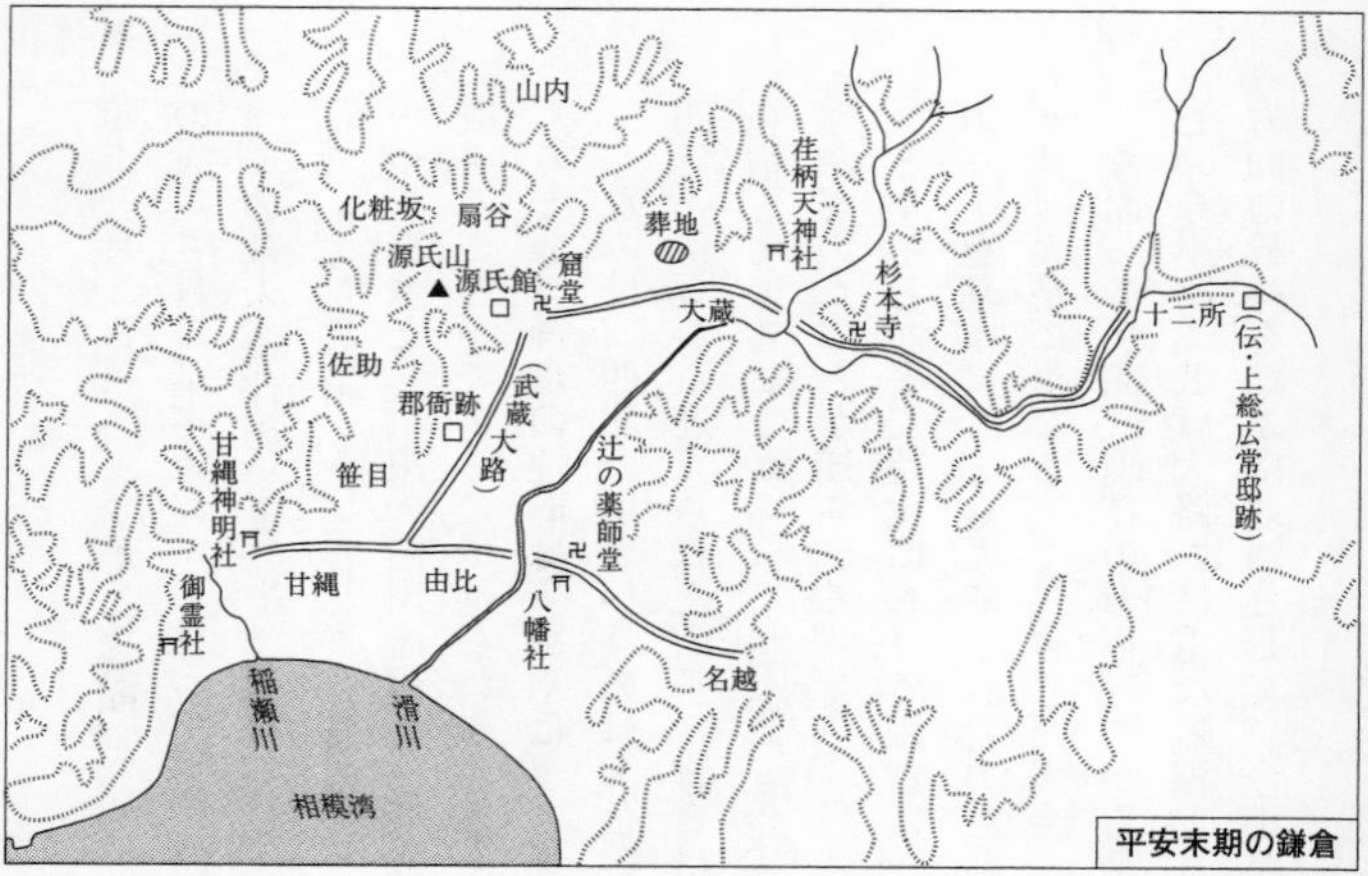

平安末期の鎌倉

館（鎌倉之楯）から滑川《なめりがわ》上流の谷にかけて、窟堂《いわやどう》・荏《え》柄天神社《がらてんじんしゃ》・大倉観音堂（杉本寺《すぎもとでら》）がほぼ一直線に並んでいた。これらの社寺に沿って山寄りには六浦に抜ける道があり、海寄りには三浦半島に抜ける道があったことが想定される。すなわち東西方向の二本の幹線が鎌倉を横切っていたと考えられるのである。そして、それぞれの道筋に集落が開けていたはずである[33]。

　これだけの寺社があり、二本の幹線道路が通過し、そのうえ東国武士の棟梁の居所であった鎌倉に都市性を認めない理由はない。地形的に見ても、鎌倉は都市たるべきところであった。

　千葉常胤《つねたね》が頼朝に鎌倉入りを勧めた際に、「御嚢跡」であることとともに「要害の地」であることを理由として挙げている。実際、九条兼実もその日記『玉葉』の中で「鎌倉城」の表現を使っており（寿永二年閏《うるう》十月二十五日・同年十一月二日条）、まことに武門の居所にふさわしいところとされる。しかし、古代に都市の設定される基本条件から言っても、鎌倉の地形は適切なのである。

この基本条件のもとになる理念は、道教にいう「四神相応《しじんそうおう》」と「風水」である。(34)まず「地、四禽図《しきんと》に叶《かな》い、三山《さんざん》鎮めを作《な》す」という四神相応でいえば、北に連なる山並みの頂の一つを玄武《げんぶ》とし、東の滑川を青龍《せいりゅう》、西は大磯方面に抜ける道路を白虎《びゃっこ》、南の相模湾を朱雀《すざく》に擬することができるのではないか。(35)また三方が山に囲まれ、東北および西北から川が流れてくるという鎌倉の地形は、風水による都市造りの考え方にも合うように思えるのである。

ちなみに、西北の川というのは大仏谷のあたりを水源とする稲瀬川《いなせがわ》のことであるが、治承四年、伊豆から迎えられた政子が鎌倉に入るに際し、日次《ひなみ》が悪いために、この川辺の民家に止宿していることから（『吾妻鏡』治承四年十月十一日条）、当時この川が鎌倉の西境と意識されていたことが知られる。

とすると、平安時代における鎌倉は、西を稲瀬川、東を滑川、北を山、南を海に囲まれたエリアを基本にしていたことになり、源氏館はその区域を滑川の流路の平行線（ほぼ今小路《いまこうじ》＝武蔵大路に重なる）で二分した場合、その北端に位置することになるのである。

なお、源氏館（現在の寿福寺《じゅふくじ》）から奈良時代の鎌倉郡衙（現在の御成小学校）を結ぶと、この今小路（武蔵大路）に重なる線とさらに重なることから、山寄りと海寄りの二本の東西方向の幹線を結ぶ南北路として、今小路は古くから存在した可能性が認められる。(36)

一九八二年、鶴岡八幡宮《つるがおかはちまんぐう》境内の鎌倉国宝館収蔵庫建設に伴う発掘調査で、頼朝入部以前の十二世紀中頃以降の男女合葬墓が検出された。遺体は合掌姿勢の涅槃葬位《ねはんそうい》で埋葬され、周囲からは二基の木製五輪塔や四基の碑伝《ひで》や曲物《まげもの》・椀《わん》・箸状《はしじょう》木製品も出土した(37)。発掘を担当した松尾宣方氏は、この墓が当時の鎌倉における重要墓域内に設定された可能性を指摘している(38)。

とすれば、このあたりは義朝・義平の時代以前から葬地とされていたものと見てよい。当時の鎌倉における南北中心軸を今小路と考えると、葬地は源氏館の鬼門の方角にあたることとなる。鎌倉幕府成立後のことを考えても、今小路と平行に造られた若宮大路《わかみやおおじ》が南北軸になるから、頼朝の墓は都市鎌倉の中核である鶴岡八幡宮の鬼門方向に位置し、北条義時《よしとき》（時政の子で、二代執権）の墓は大倉幕府から見ても鬼門の方向にあたることとなる。松尾氏は頼朝が由比にあった八幡宮を小林郷《こばやし》の北山、すなわちこの墓域近くに遷《うつ》したことについて、『吾妻鏡』（治承四年十月十二日条）に「為崇祖宗」あるいは「構宮廟」と見えることから、この墓域が源氏関係者の葬地であった可能性を示唆している。傾聴すべき見解といえよう。

このように見てくると、鎌倉はすでに義朝以前の段階で、一定のプランに基づく「都市」として成立していたと考えてもよいのではなかろうか。

鎌倉を掌握する意味

義朝滅亡後の鎌倉は、三浦氏と大庭氏の勢力のせめぎ合いの場となったようである。六浦から杉本観音のあたりまでは、三浦義明の長男杉本義宗《すぎもとよしむね》、次いで、その子和田義盛《よしもり》の支配下にあったようで、それぞれ鎌倉郡杉本、六浦庄和田を本拠地にしていた(39)。『源平盛衰記』巻二十一の小坪《こつぼ》合戦を記した部分に「和田小次郎義茂《よしもち》カ許へ。兄ノ小太郎(義盛)人ヲ馳《はせ》テ。小坪ニ軍《いくさ》始レリ。急キ馳ヨト。和平《わへい》以前ニ云遣《いいつかわし》タリケレハ。小次郎ハイサヽカ公用アリテ。鎌倉ニ立寄タリケルカ」とある。義茂は義盛の弟で、鎌倉における「公用」とは何か興味の持たれるところである。なお、義宗が杉本を称したにもかかわらず、子の義盛らが和田を名字としていることは、鎌倉郡における三浦氏の勢力の後退を示すものといえる。貫達人《ぬきたっと》氏の指摘されるように、平治の乱後、平家と緊密な関係を結んだ大庭景親の勢力が徐々に鎌倉に行き渡っていったのであろう(40)。源氏館の跡には、三浦氏の出身で中村氏武士団の一員となっていた岡崎義実《おかざきよしざね》(義明の弟)が、平治の乱の後、義朝の菩提を弔うために堂を建てていた(『吾妻鏡』治承四年十月七日条)が、このあたりも景親の支配下におさめられたはずである(41)。

鎌倉が坂東における軍事的リーダーの本拠地としての伝統を持つ都市であったとすれば、大庭景親がこれを掌握する意味は大きい。まさしく彼は平家政権の「東国ノ御後見」の立場にあったからである(42)(『源平盛衰記』巻二十)。三浦氏をはじめとする周辺武士のこれに対する回答は「拒否」であり、そこに頼朝挙兵与同の背景があり、頼朝の鎌倉入部の必然性があったのである。

本節で私が述べたことは、すでにいくつかの旧稿で触れたことの繰り返しが少なくない。頼朝入部以前の鎌倉については、『吾妻鏡』の「所は素《もと》より辺鄙《へんぴ》にして、海人野叟《かいじんやそう》の外は卜居《ぼっきょ》の類少なし」という記事が呪縛となり、また文献史料も限られているために、私の「空想的」見解は評価の対象にすらならなかったようである。しかし今は違う。東北の武門の棟梁藤原氏の本拠平泉の都市的性格が次々に明らかにされている。そして、鎌倉で考古学的調査に従事している研究者の中からも、頼朝以前の鎌倉が右の『吾妻鏡』の記事のような状況ではないように思えるという意見もあらわれはじめている。(43) こうした段階に至り、文献史料をもとに頼朝以前の鎌倉について私見をまとめて再度提示する意味は小さくないものと思う。所詮自己満足の所産にすぎないものであるが、大方の御叱正をお願いして擱筆《かくひつ》したい。

注

(1) 野口実『鎌倉の豪族Ⅰ』(かまくら春秋社、一九八三年)

(2) 髙橋昌明「騎兵と水軍」(戸田芳実編『日本史2　中世1』有斐閣、一九七八年)、福田豊彦「関東における製鉄問題への試論」(『茨城県史研究』四三、一九七九年)、同『平将門の乱』(岩波書店、一九八一年)、東京工業大学製鉄史研究会『古代日本の鉄と社会』(平凡社、一九八二年)、入間田宣夫『日本の歴史7　武者の世に』(集英社、一九九一年)、野口実「棟梁の条件」(『日本歴史』五三三、一九九二

年）など
(3) 斉藤利男「境界都市平泉と北奥世界」（高橋富雄編『東北古代史の研究』吉川弘文館、一九八六年）、同『平泉――よみがえる中世都市』（岩波書店、一九九二年）、義江彰夫「都市平泉の構成と発展」（『歴史手帖』一九―七、一九九一年）、平泉文化研究会編『奥州藤原氏と柳之御所跡』（吉川弘文館、一九九二年）など
(4) 石井進『日本の歴史7　鎌倉幕府』（中央公論社、一九六五年）、二八〜二九頁参照。
(5)「インタビュー　峰岸純夫　中世東国の水運史研究をめぐって」（『歴史評論』五〇七、一九九二年）および、これに付載されている「参考文献」の各論文を参照されたい。
(6) 古代の鎌倉および鎌倉の考古学的調査における成果の概要については以下の文献を参照。『鎌倉市史総説編』（吉川弘文館、一九六七年）、a：大三輪龍彦編『中世鎌倉の発掘』（有隣堂、一九八三年）、b：大三輪龍彦『鎌倉の考古学』（ニュー・サイエンス社、一九八五年）、「特集　鎌倉の発掘」（『仏教芸術』一六四、一九八六年）、貫達人・三山進編『国文学　解釈と鑑賞　別冊　鎌倉のすべて』（至文堂、一九八六年）、石井進「中世都市・鎌倉――歴史の原風景を求めて」（『週刊朝日百科日本の歴史別冊　歴史の読み方2』、一九八八年）、石井進・大三輪龍彦編『よみがえる中世3　武士の都　鎌倉』（平凡社、一九八九年）
(7) 安田元久「古代末期における関東武士団」（同『日本初期封建制の基礎研究』山川出版社、一九七六年）第一章二注27所引による。前掲大三輪龍彦『鎌倉の考古学』五頁にも引用されているが、一部に文言の異なるところがある。
(8) 福田豊彦「王朝軍事機構と内乱」（『岩波講座日本歴史4』岩波書店、一九七六年）参照。
(9) 平維衡を含む伊勢平氏については、髙橋昌明『清盛以前――伊勢平氏の興隆』（平凡社、一九八四年）を参照されたい。
(10) 野口実「平貞盛の子息に関する覚書――官歴を中心として」（『史聚』八、一九七八年）

(11)村井康彦『平安貴族の世界』(徳間書店、一九六八年)、三三一頁参照。
(12)野口実「平忠常の乱の経過について――追討の私戦的側面」(同『坂東武士団の成立と発展』弘生書林、一九八二年)。以下、平忠常の乱に関する事実経過に関しては本論文を参照されたい。
(13)清原氏の内訌に対する源義家の介入については、野口実「後三年合戦　源氏の奥州軍事介入」(『歴史読本』三八―一一、一九九三年)を、源義家の評価については、同「作られた英雄　源義家」(『歴史と旅』二〇―一三、一九九三年)を参照されたい。
(14)新訂増補国史大系『尊卑分脉』第二篇、一五三頁
(15)宮崎康充「古代末期における美濃源氏の動向」(『書陵部紀要』三〇、一九七八年)、渡邉敬子「源為義について――その検非違使としての性格」(『聖心女子大学大学院　文学・史学』第四集、一九八二年)参照。
(16)米谷豊之祐「源為義　其の家人・郎従の結集・把持――武家政権樹立前夜における武士団棟梁の苦悩」(『大阪産業大学論集　人文科学編』三八、一九七四年)参照。
(17)野口実「十一～十二世紀、奥羽の政治権力をめぐる諸問題」(古代学協会編『後期摂関時代史の研究』吉川弘文館、一九九〇年)参照。
(18)前掲米谷豊之祐「源為義　其の家人・郎従の結集・把持――武家政権樹立前夜における武士団棟梁の苦悩」および湯山学「相模国愛甲郡の庄園――愛甲庄と毛利庄」(『地方史研究』二六―六、一九七六年)参照。
(19)野口実「院・平氏両政権下における相模国――源氏政権成立の諸前提」(前掲同『坂東武士団の成立と発展』)
(20)前掲米谷豊之祐「源為義　其の家人・郎従の結集・把持――武家政権樹立前夜における武士団棟梁の苦悩」参照。
(21)五味文彦「大庭御厨と「義朝濫行」の背景」(同『院政期社会の研究』山川出版社、一九八四年)、福

田豊彦『千葉常胤』（吉川弘文館、一九七三年）参照。

(22) 野口実「上総氏の成立・発展とその背景」（川村優編『論集房総史研究』名著出版、一九八二年）参照。なお、源義朝の伝記として、安田元久「源義朝」（和歌森太郎ほか『人物日本の歴史5　源平の確執』小学館、一九七五年）がある。

(23) 上横手雅敬「院政期の源氏」（御家人制研究会編『御家人制の研究』吉川弘文館、一九八一年）参照。

(24) 石井進「相武の武士団」（同『鎌倉武士の実像――合戦と暮しのおきて』平凡社、一九八七年）、八六～八七頁掲載の系図（B）・（C）を参照。

(25) 野口実「相模国の武士団――とくに波多野氏と山内首藤氏について」（前掲同『坂東武士団の成立と発展』）

(26) 野口実「流人の周辺」（安田元久先生退任記念論集刊行委員会編『中世日本の諸相　上』吉川弘文館、一九八九年）、石川速夫「宇都宮氏の興起」（『宇都宮市史　中世通史編』宇都宮市、一九八一年）、前掲野口実「相模国の武士団――とくに波多野氏と山内首藤氏について」、網野善彦「桐村家所蔵「大中臣氏略系図」について」（『茨城県史研究』四八、一九八二年）、同「金沢氏・称名寺と海上交通」（『三浦古文化』四四、一九八八年）、石井進「中世六浦の歴史」（『三浦古文化』四〇、一九八六年）参照。

(27) 前掲網野善彦「桐村家所蔵「大中臣氏略系図」について」、前掲同「金沢氏・称名寺と海上交通」、前掲石井進「中世六浦の歴史」参照。

(28) 前掲野口実「流人の周辺」

(29) 前掲米谷豊之祐「源為義　其の家人・郎従の結集・把持――武家政権樹立前夜における武士団棟梁の苦悩」。大河戸御厨は、『吾妻鏡』元暦元年正月三日条に「相伝家領」として所見。

(30) 石井進『もうひとつの鎌倉』（そしえて、一九八三年）、一九頁

(31) 間宮光治「新藤五国光以前の鎌倉鍛冶」（『かながわ文化財』七八、一九八二年）

(32) 入間田宣夫「平泉館はベースキャンプだった」（『歴史手帖』一九―七、一九九一年）

(33) 前掲石井進「中世都市・鎌倉——歴史の原風景を求めて」、五味文彦『大系日本の歴史5　鎌倉と京』(小学館、一九八八年)、二二二～二二三頁参照。なお、『鎌倉市史　社寺編』(吉川弘文館、一九五九年)から、ほかに頼朝入部以前草創の伝承を持つ社寺を拾うと、駒形神社(寺分)・巽神社(扇谷)・天満宮(上町屋)・八雲神社(大町)・龍口明神社(津)・浄泉寺(腰越)・青蓮寺(手広)などがある。

(34) 足利健亮「歴史的景観から地域像をたどる」(愛知大学綜合郷土研究所編『景観から地域像をよむ』名著出版、一九九二年)参照。風水については、渡邊欣雄『風水思想と東アジア』(人文書院、一九九〇年)に詳しい。

(35) 武門にも四神相応の理念が浸透していた例としては、天永元年(一一一〇)十一月、藤原秀郷の流れを汲む紀伊佐藤氏の季清(西行の祖父)が堂を建立する際、「東有青龍之水、……西有白虎之道」の地を先祖相伝の地の中から卜《ぼく》していることが知られる(『江都督納言願文集』六底子、『大日本史料』第三編之十一、一一八～一二〇頁所引)。なお、幕府成立後のことではあるが、鎌倉における例としては、嘉禄元年(一二二五)鎌倉殿頼経の御所を移すにあたり、法華堂下と若宮大路の二説が対立した際、「若宮大路者。可謂四神相応勝地也。西者大道南行。東有河。北有鶴岳。南湛海水。可准池沼云々」という珍誉法眼の意見によって、若宮大路に治定したということがあった(『吾妻鏡脱漏』同年十月二十日条)。ここにいう東の河は滑川、西の大道とは東海道へ続く道筋であろうから、本論で推定した鎌倉という空間そのものの四神相応観とも符合する。

(36) 奥富敬之・奥富雅子『鎌倉　古戦場を歩く』(新人物往来社、一九八五年)、二六頁にも、同様の見解が示されている。

(37) 鶴岡八幡宮境内発掘調査団編『鶴岡八幡宮境内発掘調査報告書——鎌倉国宝館収蔵庫建設に伴う緊急調査』(鎌倉市教育委員会、一九八五年)参照。

(38) 前掲鶴岡八幡宮境内発掘調査団編『鶴岡八幡宮境内発掘調査報告書——鎌倉国宝館収蔵庫建設に伴う緊急調査』、第四章

(39) 前掲石井進「中世六浦の歴史」参照。

(40) 貫達人「中世の鎌倉」(『草戸千軒』九—八、一九八一年)

(41) 寺分《てらぶん》の駒形神社は、社伝によると治承年中大庭景親の所領であったという(前掲『鎌倉市史　社寺編』一三六頁)。

(42) 平家政権下における大庭景親の役割については、前掲野口実『坂東武士団の成立と発展』を参照されたい。

(43) 玉林美男「鎌倉の葬制」(『仏教芸術』一六四、一九八六年)など。貫達人氏も近年の考古学的成果を踏まえて、「従来、平安時代からあった社寺としては、鶴岡八幡宮、荏柄天神社、甘縄神明社、杉本観音、窟堂などが考えられていて、鎌倉が、『吾妻鏡』のいうように、全くの寒村とは必ずしもいえないとされていたが、想像するより、重要な場所であることが、だんだんわかってきつつある」(同「武家の棟梁」、前掲貫達人・三山進編『国文学　解釈と鑑賞　別冊　鎌倉のすべて』)と指摘され、石井進氏もまた、義朝・義平の頃の鎌倉について、「このような南関東一帯の武士団の頭目の根拠地ともなれば、鎌倉の地も単にただの漁村や農村にとどまるものではなかったろう」(同「都市としての鎌倉」、前掲石井進・大三輪龍彦編『よみがえる中世3　武士の都　鎌倉』)と述べておられる。

第三章　起ち上がる頼朝——軍事権門「鎌倉殿」の誕生

【略伝】源頼朝（一一四七〜九九）

源義朝の三男（異母兄に義平と朝長）として京都で生まれた。母は熱田大宮司藤原季範《すえのり》の娘である。母方の一族には鳥羽上皇の中宮であった待賢門院璋子《たまこ》の関係者が多く、父の義朝も、その関係で中央政界に進出を果たすことができたほどだから、当然嫡子に立てられた。

保元の乱ののち、義朝は、西の平家に対して、東国武士団を率いる一方の武家の棟梁としての地位を確立したから、頼朝の官途も順調であり、保元三年（一一五八）、皇后宮権少進《ごんのしょうじょう》に任じられ、その後、左兵衛尉《さひょうえのじょう》（あるいは右近将監《うこんのしょうげん》）を経て、平治元年（一一五九）には上西門院《じょうさいもんいん》（鳥羽皇女の統子《むねこ》内親王）の蔵人《くろうど》、さらに二条天皇の蔵人になっている。そして平治の乱で、一時、義朝らが朝廷を制圧した際に行われた除目では、右兵衛権《ごんの》佐《すけ》という上級貴族の子弟並みの官職に任命されることになる。

平家打倒の挙兵をした頃、頼朝は「武衛《ぶえい》」と呼ばれているが、それは、この官職の唐名《からな》

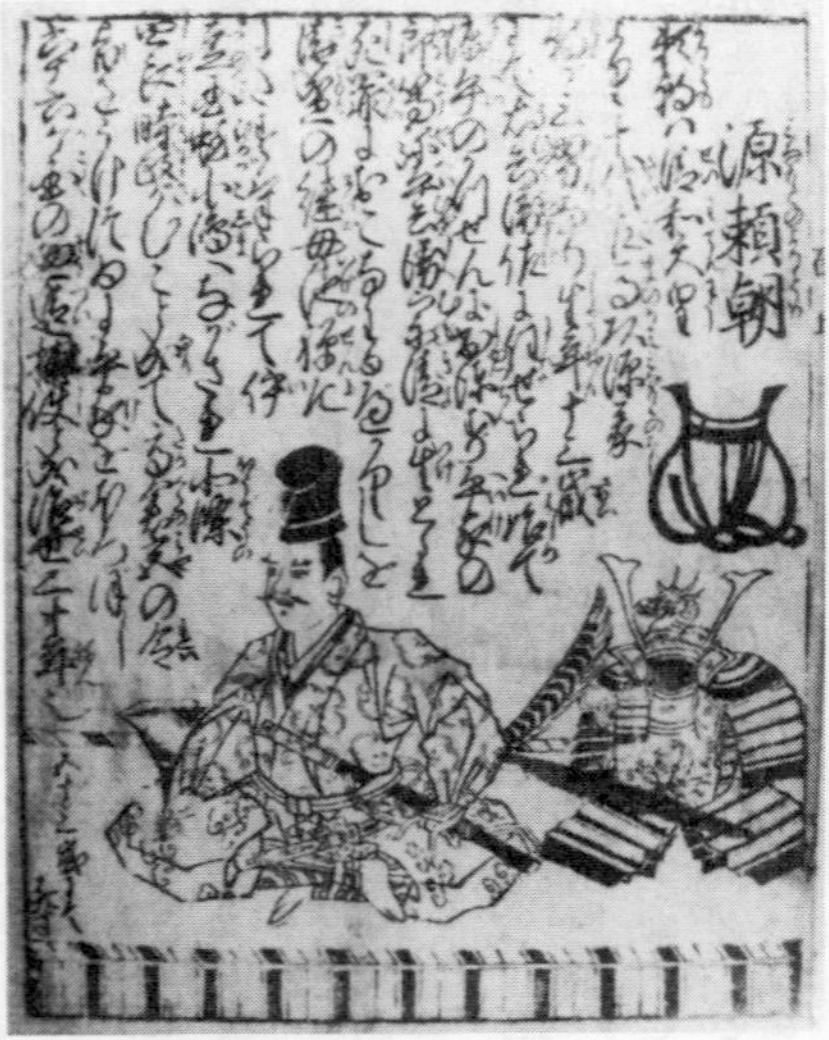

源頼朝　「本朝百将伝」より

（中国風の呼び名）である。

ちなみに、源氏の一族の中で、少年のうちにこのような高い官職についた者はほかになく、治承・寿永の内乱で頼朝が各地で挙兵した源氏の中でヘゲモニー（主導権）を確立できたのは、このような経歴によって、地方武士から「貴種」と認められていたところが大きい。

平治の乱で父が討たれ、平家に捕らえられた頼朝は、永暦《えいりゃく》元年（一一六〇）三月、遠流《おんる》の刑に処せられて伊豆に送られた。時に十四歳であった。以後頼朝は、同国の在庁官人伊《い》東《とう》・北条氏らの監視下、二十年に及ぶ流人生活を過ごすことになる。

頼朝は、日課の読経《どきょう》のほか、狩猟にいそしんだり、時には監視役の伊東祐親《すけちか》の娘との恋愛を楽しむなど、大いに青春を満喫したようである。流人の身で、どうしてそのような行動が可能であったのかというと、彼の乳母《めのと》や母方の一族が物心両面にわたって援助を惜しまなかったからである。

とりわけ、乳母の甥にあたるという関係から月に三度も京都の情報を伊豆に送り続けた、下級貴族三善康信《みよしのやすのぶ》の果たした役割は大きく、頼朝が鎌倉に政権を樹立すると、康信は招かれて初代の問注所《もんちゅうじょ》執事に就任している。

また、母の弟にあたる熱田大宮司家の祐範《ゆうはん》も毎月必ず使者を派遣したという。頼朝が挙兵に成功し、さらに対朝廷交渉に並々ならぬ政治力を発揮することのできた背景には、このような流人時代からの情報の蓄積と、京都以来の人脈のネットワークの存在があったのである。むしろ、頼朝は辺境の伊豆にあったことで、豊富な情報をもとに、的確な政治分析を行いえたのかもしれない。

現代の日本社会でも、武士の評価は高く、政治家や企業経営者の中には、前近代の武将に、その模範を見出す人が多い。そのような観点に立つと、頼朝というのは、さすがに武士の政権である幕府の創始者だけあって、現代の政治家や経営者がお手本にしそうなことを行っている。

彼は自分に好都合な既存の権威や権力はすべて利用する。けっして破壊的な革命家ではなかったのである。そして、その方法は、慎重かつしたたかであって、現実的な路線を歩む。まさに日本的政治家の典型といえる。「たぬき親父」と呼ばれる徳川家康《いえやす》の政略とあい通ずるのは、家康が鎌倉幕府の編纂した歴史書『吾妻鏡』を座右に置いて、頼朝にならった政治を心がけていたからである。

また、日本の武士社会では、主従関係において従者側が一方的な献身を求められる側面が強い。この伝統は、現代にも受け継がれて、滅私奉公の企業戦士はいまだに健在である。この日本的主従関係を確立したのも、実は頼朝であった。

それまでの武家の棟梁と地方武士の間の主従関係はルーズなもので、平治の乱ののち、かつて源氏に従っていた東国の武士は、ほとんど平家の家人になっていたのである。まさに「恩（政治的・経済的恩恵）こそ主《しゅう》よ」だったのである。したがって、形勢が変われば、主人を裏切っても当然とされていたのである。

頼朝はこれを道徳的に断罪した。たとえば、頼朝に敵対した下野の足利俊綱《としつな》の首を持参して、頼朝の御家人に加えられることを願った俊綱の専一の郎等桐生《きりゅう》六郎を殺して晒し首《さらくび》にするなど、自らの行動によって、主人に都合のよい道徳観念を御家人たちに注入したのである。

また、奥州平泉の藤原氏を征討する際には、遠く南九州の御家人にまで動員をかけて、その忠誠心を試したり、合戦の日程を、先祖の源頼義が行った前九年合戦に合わせ、同じ役割を、そのとき頼義に従った東国武士の子孫に担わせるといった方法で、源氏が古くから東国武士の主人であり、「東国武士は、源氏譜代の（先祖代々の）家人なのだ」という観念を御家人たちに植え付けたのである。

こうした神話は、幕府草創期に活躍して有力御家人になった武士の子孫にとっても、自己の正統性を主張するのに好都合だったから、たちまち列島各地に広がって、源氏を頂点とする武士社会のイデオロギーとして、近代にまで受け継がれたのである。

頼朝は政略家で、また容赦なく弟の義経を殺そうとしているので、武将としてより、知的だが狡猾《こうかつ》・陰険な貴族的政治家としてのイメージがある。しかし、頼朝は武芸にすぐれて、その強弓は、射た矢が矢羽のところまで突き刺さったといい、狩猟の際に大鹿の角をつかんで手取りにするほどの大力《おおぢから》だった。だから、頼朝が上洛したとき、彼が弓を片時も身から離さなかったので、付き従っていた武士たちは、いつ射られるかと恐れおののいていたという。

頼朝の御家人たちに対する威圧力は彼自身の武力に裏付けられたものだったのである。プライベートなことに怒って、近習《きんじゅう》の髻《もとどり》を手ずから切り落としたり、皇女を詐称した女性の顔面損壊を命じるなど、ヤクザ映画に登場する暴力団のボスのような側面も、頼朝には見られる。

頼朝的なものには、現代の日本の支配層の行動原理や、社会一般の全体主義的・管理抑圧的な部分に結びつくところが多い。

なお、頼朝の容貌については、『源平盛衰記』（巻三十三）に「顔大ニシテ、長《たけ》ヒキ

(低)ク、容貌花美《かび》ニシテ、景体《けいたい》優美也」と見え、江戸の粋人は、これをもとに、「大あたま、これぞ武将(不精)のはじめ也」という川柳をのこしている。

頼朝が死んだのは正治元年(一一九九)正月十三日のこと。五十三歳であった。前年の暮れ、相模川の橋供養に臨んだ帰りに落馬したのが原因と伝えられている。墓所は幕府を見おろす台地の中腹に設けられた。

1 伊豆配流

流刑地としての伊豆

源頼朝は東国の武士団を組織してここに新たな武家政権を樹立した。東国は彼の父義朝が本拠としたところだから、平治の乱以前に義朝に服属していた武士団も多い。乱の結果、流刑に処せられた頼朝の配所が、その東国の伊豆であったこと、これが治承四年(一一八〇)の挙兵成功に資したことは疑いようのない事実である。ならば、どうして、平治の乱の勝者である平清盛は、そのような源氏の蜂起に都合のよい国に、義朝の嫡子である頼朝を流したのかという疑問が生じるであろう。これは清盛の政治的失策といえるのだろうか。そのあたりの問題について、当時の流刑地に対する人々の意識や平治の乱後の東国武士団の存在形態などを通して考え、さらに頼朝挙兵の背景をさぐってみよう。

律令制度において、律（現在の刑法に相当）に規定された刑罰は、笞《ち》・杖《じょう》・徒《ず》（懲役）・流《る》・死《し》の五刑によって構成されていた。しかし、平安時代になると、貴族社会に極度に穢《え》（ケガレ）を忌避する風潮が強まったことによって、死穢や血穢を発する死刑や肉刑が避けられるようになり、また、穢にまみれた重罪人を天皇の居所で清浄空間たるべき平安京（京都）に置くわけにはいかなかったから、流刑と拘禁刑が朝廷による刑罰の主体となったのである。

もともと流刑には遠流・中流《ちゅうる》・近流《こんる》の三ランクがあり、これが犯罪の重さに対応していた。この考え方は平安時代には単に物理的な距離の問題以上に、京都を中心とする国家の浄《じょう》穢《え》構造として意識されるようになる。つまり、清浄な京都を中心として、そこから遠ざかるほど穢が増加するという意味での同心円の広がりが人々の意識のなかに描かれるようになった。王化《おうか》になじまない蝦夷《えみし》や俘囚《ふしゅう》がしばしば蜂起する奥羽や坂東、そしてその対偶項として異域に接する周縁地域である南九州は、まさに穢にまみれた化外《けがい》の地だった。だから、そこが遠流の地とされたのである。

そのような周縁の地＝東国への入口に位置したのが伊豆である。この国は佐渡や隠岐《おき》、土佐《とさ》あるいは薩摩（鬼界島《きかいがしま》を含む）と同様に犯罪穢を追放する境界の国なのであった。平安時代に伊豆に流された人物としては文室宮田麻呂《ふんやのみやたまろ》・橘 逸勢《たちばなのはやなり》・伴 善男《とものよしお》をはじめ、頼朝に挙兵を勧めたと伝えられる文覚《もんがく》、流人から目代に登用されて頼朝挙兵の際に血祭りにあげられた山木《やまき》（平）兼隆《かねたか》などがいる。

頼朝の配所が伊豆とされたのは、かつて頼朝の祖父為義の兄である義親が隠岐に流刑になった際に反乱を起こして平正盛の追討を受けた事件があったり、保元の乱の直前に頼朝の叔父にあたる為朝が鎮西で濫行をはたらいたので、これらの地が避けられたためと思われる。ちなみに、頼朝の同母弟である希義《まれよし》は土佐に流されている。

配所の頼朝

永暦元年（一一六〇）三月、頼朝は伊豆に配流となる。領送使《りょうそうし》は検非違使の友定《ともさだ》（姓不明）であった。当時、京都から伊豆へ流人を護送する場合、陸路をとって伊勢に下り、安濃津《あのつ》（三重県津市）から海上を下るルートと、鳥羽（京都市）から乗船して淀川を下り、渡辺《わたなべ》（大阪市）から紀伊水道を南下し、熊野灘《くまのなだ》を経て伊豆に向かうルートがあったらしいが、『平治物語』によると、頼朝は前者のルートをとったようだ。

鎌倉幕府の公的歴史書『吾妻鏡』（元暦《げんりゃく》元年三月十日・文治《ぶんじ》四年十一月九日条）によれば、この時、かつて義朝に仕えていた家人たちはすでに死んでしまっているか変心していて、配所に下る頼朝にあえて従おうとする者はなく、わずかに因幡《いなば》国の住人高庭資経《たかばすけつね》が親族の藤七資家《とうしちすけいえ》を差し添え、また頼朝の母方の叔父にあたる祐範が郎従一人を送ってくれたにすぎなかったという。

のちに、この高庭氏でさえもが平家の家人となっていることからも明らかなように、中世前期の主従関係はルーズなもので、東国において義朝に従っていた武士たちも、平治の乱の後は平家の支配に服し、その差配のもとで内裏大番役《だいりおおばんやく》などをつとめていた。『吉見系図《よしみ》』には、伊豆の国人《こくじん》たちは流人として下ってきた頼朝に対し、平家の権威を憚《はばか》って一食も与えることをしなかったと記されている。配所の頼朝を援助したのは、京都で彼の乳母《めのと》をつとめた比企局《ひきのつぼね》（尼）・摩々局《まのつぼね》（尼）たちの関係者が主で、比企局は経済的援助のみならず、娘婿の藤九郎《とうくろう》（安達《あだち》）盛長《もりなが》を頼朝の側近に祗候させ、京都の下級貴族三善康信は、その母の姉が頼朝の乳母だったという関係から月に三度も京都の情報を頼朝に伝えたという。

三善康信が初代問注所執事になったように、成立当初の鎌倉幕府において頼朝の乳母関係者が要職を占めるのはこのような事情によるのである。したがって、鎌倉幕府の成立を、単に古代的な貴族政府に抑圧されていた東国武士団の階級的要求に根ざすものと見て、鎌倉幕府を東国武士による政権とするような理解は正確とはいえない。

頼朝自身にしても、配流の後、伊豆国の在庁官人工藤《くどう》（伊東）氏や北条氏の所領内で二十年にわたって、父母の菩提を弔いながら平穏な日々を過ごしていたのであり、かつての源氏家人を催して反平家の挙兵を企てようなどとは考えていなかったであろう。

頼朝挙兵の背景

その頼朝に挙兵を決断させたのは、まさに時の勢いというものであった。

治承四年（一一八〇）五月、平家打倒のために挙兵した高倉宮以仁王《たかくらのみやもちひとおう》と源頼政《よりまさ》が敗死した後、平家は、平家討伐を命じる以仁王の令旨《りょうじ》を受け取った諸国の源氏勢力の追討をはかった。もちろん、頼朝のもとにも令旨は届けられていたから、この情報を得た三善康信は急《きゅう》遽《きょ》、弟の康清《やすきよ》を伊豆に遣わして、頼朝に奥州へ逃れることを勧めている。こうなると頼朝の選択すべき途は、逃亡か、挙兵か、あるいは座して死を待つか、のいずれかしかないことになる。

頼朝のもとには、三善康信からの使いをはじめ、母方の実家で院の近臣に一族が連なる熱田大宮司家、さらに比企局ら乳母の係累などを通して、中央の情報がかなり入ってきていたようである。彼を婿に迎えた北条時政は平頼盛の縁者を後妻に迎えていたから平家の内部情報も入手できたであろうし、また、伊豆に流されたことのある僧文覚を仲立ちにして後白河院とも連絡があったことも想定されている。とすれば、中央政界における平家の孤立は頼朝のよく知るところであったろう。頼朝は、そうした都からの情報を踏まえて将来への展望を見出そうとすることもあったに違いない。

しかし、何よりも頼朝に挙兵の決意を固めさせたのは、彼の目の前にある伊豆国の状況であったと思われる。伊豆はほぼ十年近くも源頼政の知行国であり、その子の仲綱《なかつな》が伊豆守をつとめていた。その体制下で長く狩野《かのう》（工藤）・北条・近藤などの諸氏が在庁官人として活動していた。ところが、それが頼政の敗死によって一挙に崩壊してしまい、新たに平家一門の有力者・大納言時忠が知行国主となり、その目代には、こともあろうに、それまで流人だった山木兼隆が登用されたのである。工藤氏の一族には、長い間知行国主であった源頼政の家人として、頼政の討たれた宇治合戦に従軍した者もあったくらいだから、これには当然、在庁官人層を中心にして国内の武士団の反発は大きかったはずである。

平治の乱の後、平家は東国武士団の再編成を行い、諸国では平家と関係の深い武士が公的な権限を得て勢力を拡大する一方、在来の国衙《こくが》在庁系の武士団はこれに反比例する形で勢力の後退を余儀なくされるものが多かった。たとえば相模では、大庭氏が平家の「東国ノ御後見」といわれるほど力を蓄え、これに対して在庁系の三浦・中村氏が勢力を削《そ》がれ、下総では、平忠盛《ただもり》（清盛の父）の婿で清盛と志を通じる藤原親政《ちかまさ》が大勢力を持つようになったのに対して、やはり在庁の千葉氏が衰微の一途をたどっていた。上総の国守には平家の有力家人伊藤忠清が任命され、高倉《たかくら》院の武者所に仕えた平重国《しげくに》が目代として下向してきた。

このような東国の一般的な状況が伊豆で突出した形であらわれたのである。以仁王の令旨が、それまで伊豆守をつとめてきた源仲綱の奉書《ほうしょ》として下されたことも、伊豆の武士たちに大きなインパクトを与えたことであろう。この治承四年五月以降の伊豆の状況こそ、頼朝に挙兵を決断させた直接的かつ最大の要因だったものと思われる。

挙兵成功の理由

こう見ると、頼朝を伊豆に流したことは清盛の大きな誤算であったことに間違いはない。しかし、それはあくまでも結果論である。最近の研究では、東国武士の源氏に対する譜代的な家人関係も、頼朝がその政権確立の過程で、御家人支配の強化を目的としてイデオロギー化したものといわれる。これは、平治の乱以前に源氏の家人であり、頼朝の挙兵にも呼応した多くの東国武士団にとっても、自らの家の正統性を主張する材料になるものであった。そしてこの認識は、その後、幕府を開いた足利氏も徳川氏も源氏の正統を称したから、広く武家社会に定着していったのである。そのような、いわば近世に完成された武家社会の理念というフィルターにかけて中世前期の武士のあり方を見ると、大きな誤りをおかすことになるのである。

また、伊豆にあった頼朝の周辺には、平治の乱後、平家と結んだ勢力によって本貫の地を追われた佐々木・加藤氏など畿内近国出身の武士や、地方社会を流浪していた京都や西国出身の吏僚や宗教者たちの姿が多く見られ、幕府成立後、彼らは大きな役割を担うこととなる。

頼朝の挙兵成功は、清盛の失策という視点からより、やはり、様々な人脈を駆使することによって都鄙《とひ》の状況を的確に把握した頼朝の側のすぐれた政治力に重きを置いて考えるべきものであろう。

2　頼朝のイメージと王権

日本史における王権概念

本節の課題は、東国王権論との関わりから源頼朝について論ずるというものである。そこで、まず東国王権論に対する私見を示さなければならないのだが、その前提として「王権」について考えておきたい。

王権の概念は曖昧《あいまい》で定義も多様である。今谷明氏は、日本史における王権概念について、①外在する権力として、そのときどきの中央政府の最高権力者の権力ないし権威のあり方(王制)、②民衆の精神の内側に根を持つ王権(人類学的王権概念)、すなわち法制史的なものと文化人類学的なものの二類型があることを指摘している。(1) 一方、近藤成一氏は、(a)日本中世の政治構造の理論的考察に資するために「王権」概念の必要を指摘し、また、もう一つ、(b)人類学・民俗学・文学から王権の聖性に関する議論が日本中世史研究に提起されているとする。(2) ①は(a)、②は(b)に対応して、両氏の見解は整合するものと見なしうる。

具体的な使用例を見ると、元木泰雄氏は、武士政権成立前の王権について「天皇の有する正統性、それに伴う権威、そして人事権や軍事動員権に代表される様々な権力といった内容を意味するものとして用いることにする」と定義し、具体的には、天皇および王家の家長であった院により構成された、権威と権力を指すものとする。(3) 一方、近世史の山本博文氏は、日本の王権が一貫して天皇にあると前提することは、近代以降の天皇制イデオロギーの過去への安易な投影であるとして、「然るべき手続きによって就任し、その国の正当な統治者として被統治者の多数から承認される権力」と王権を規定している。(4) かくして山本氏は徳川将軍家に王権を認めるわけであるが、この見方を踏まえれば、鎌倉幕府もその対象とすべき可能性が認められることになろう。

近世において将軍に王権を措定《そてい》することに異論は少ないと思うが、治承・寿永内乱期から鎌倉時代における王権の掌握者については、中世国家の捉え方をめぐる権門体制論と東国国家論の対立と密接不可分な問題として、天皇・院(治天《ちてん》の君)に対置しうるレベルで東国(将軍・北条氏)にも王権を認めうるかどうかといった点で見解の相違が発生している。

これらを踏まえ、この時代の王権の所在に関する諸説を最大公約数的に整理してみると、

法制史的王権　i　全国的王権　天皇・(治天：院→北条氏)

ii　a　西国王権　(天皇・院)

b　東国王権　将軍—北条氏

文化人類学的王権　天皇・院・将軍・北条氏

右のように図式化できるであろう。iは、日本国全体の王権を体現するのは、天皇ないし天皇の存在を前提とした（天皇の直系尊属である）治天であり、治天の地位は承久《じょうきゅう》の乱後、院から北条氏の手に渡ったとする見方。iiは、東国王権論の一般的な認識に基づく見方である。なお、iの立場から、頼朝について、彼が官職を上り詰めて国制の中枢を握ったと捉え、「ほぼ「日本国主」というべき、いわば後見王の地位についた」とする保立道久氏、また、iiのbについては、将軍＝象徴王、北条得宗《とくそう》（北条氏嫡流の当主）＝実力王とする青山幹哉氏のような意見もある。(5) また、aにおいても、将軍と北条氏の関係と同様に天皇と院の間における王権の二元性（権威と権力）の分有の問題が指摘できると思うが、ここでは、それらのことは捨象した。

文化人類学的王権は、当然、法制面と重ねて考察すべき点が多いが、五味文彦氏が幕府将軍に適用した「王殺し」、伊藤喜良氏・黒田日出男氏らの指摘した陰陽道《おんようどう》や浄穢観《じょうえかん》に基づく呪術的権威、中澤克昭氏のいう狩猟王としての性格などがそれに当たるであろう。(6)

東国王権論の再検討

近年の学界で、源頼朝に東国王権を措定している代表的な研究者は、網野善彦・五味文彦の両氏である。そこで、この両氏の見解を要約・提示して検討を加えてみたい(7)。

【網野善彦氏の論点】

富士川合戦＝最初の東国西国戦争に勝利／京都の王朝の養和・寿永の改元を無視、以仁王を「新皇《しんのう》」と見立てることによって可能となった東国の王権の時間に対する独自な支配（a）／関渡津泊《かんとしんぱく》に対する支配権を行使＝王権の統治権の行使（b）／京都の王権から明確に自立／王朝の行政機関である国衙の勢力を奪取（c）／しかし「日本国」の国郡制それ自体は変革せず、東国に新国家を樹立する道に進むのでなく、「日本国」を軍事的実力の下に置こうとした（d）／「関東」は東国の「王権」としての鎌倉の政府の、いわば「国号」にも準ずる公的な呼称として確定することとなる（e）／「関東」は東国の「王権」、鎌倉幕府の直接統治権の及ぶ範囲を指す広域地名（f）／東国の都鎌倉に王権の守護神として鶴岡八幡宮が祀《まつ》られる（g）／東国の王権、将軍を首長とする鎌倉幕府は、西国の王権、天皇を首長とする王朝とは異なる宗教と結びつき、東国社会独自の神に対する信仰を背景に、独自の神々の体系を形成。狩猟を通じての山野の神々との交渉も、西国と異質なあり方（h）／江戸時代、東日本を中心とした被差別民の職能の起源が東国の王権、頼朝の権威に求められている。九州の職能民も自らの職能の由緒を頼朝の権威と結びつけている（i）。

【五味文彦氏の論点】

頼朝と比較すべきは、在地の首長の地位を認められ、鎮守府将軍に任じられた奥州藤原氏の王権で、頼朝は藤原氏の達成の上に東国に王権を築く（j）／支配機構は在来の国衙機構を利用（k）／王権を精神的に守るのは鶴岡八幡宮、箱根・伊豆権現。関東祈禱寺《きとうじ》を設定し保護。鎌倉の勝長寿院《しょうちょうじゅいん》と永福寺《ようふくじ》は御所と鎌倉殿を守る役割を担う（l）／鎌倉殿の王権は、実朝《さねとも》が将軍になったときの『吾妻鏡』（建仁三年九月十五日条）の「関東長者」の表現に示される。頼朝の場合は治承四年十二月、大倉御所に入った時点で誕生（m）。

網野氏の所論においては、以仁王が新皇に擬せられて、そこに新国家が樹立される方向が示されるが、それが頼朝に代置される経過は不分明である。『玉葉』治承五年二月二十日条の「伝え聞く、関東の事、宮御座《おわ》さざるの由を聞き、多く頼朝にそむくの者あり」という記事からすると、頼朝は統治者としての正統性において欠けるところがあったのではないか。また、頼朝が養和・寿永の年号を使用しなかったといっても、東国で独自の年号を作ったわけではなく、治承年号を継続しただけのことである。よし、東国に王権が存在したとしても、寿永年号を採用した段階で、それは消滅するはずである(8)(a′)。

交通の支配権については、実態的には平泉藤原氏も奥羽でそのような権限を行使していたであろうし(b′)、京都の王権から明確に自立したと述べながら、一方では、国衙の機能を接収し国郡制も踏襲して、新国家を建設しようとはせずに日本国を軍事支配下に置こうとしたというのは矛盾している。頼朝の政権は、在来の王朝権力の政治システムに依存する一権門としか見られない（c′・d′）。したがって、「関東」については、その広域地名としての成立は認知できるものの、国号とまで言い切るのは躊躇すべきであり、独自な権力空間として評価できるようになるのは、承久の乱を待たなければならないであろう（e′・f′）。

　宗教的権威やイデオロギーについては、鎌倉の中心に八幡宮寺を造営したことに政治的意図を見出すことは重要だが、八幡社は伊勢神宮と並ぶ宗廟《そうびょう》であり、頼朝は政権樹立後、あらためてこれを石清水《いわしみず》から勧請《かんじょう》(9)したのであるから、京都王朝の神祇《じんぎ》システム内の行為と捉えるべきものである。日光東照宮《にっこうとうしょうぐう》に神君《しんくん》家康を祀り、独自の宗廟を設定した近世の徳川将軍家とは同レベルに評価することはできまい（g′）。また、頼朝の「王権」と東国社会独自の神に対する信仰の結びつきを強調されるが、それは、近世における東国被差別民の職能の起源や九州の職能民の由緒が頼朝の権威に結びつけられていることと関係しており、幕府創始者・東国王的権威を頼朝に求める後世のイデオロギーの所産なのではないかと思われる（h′・i′）。ちなみに、院・天皇の狩猟王としての性格は、前述のように、中澤克昭氏が詳細に論じているところである。

　五味氏の論点は網野氏と基本的には変わらないが、平泉の藤原氏に「王としての性格」を認めていることからもうかがえるように、その主張は複数国家論ではなく、国家内国家論とでもいうべきものである。このことと同時に上横手雅敬氏が指摘するように、国家内国家の国家性は希薄で、論証も困難であり[10]、五味氏があえて国家や王を持ち出すのは、将軍の交替を「王殺し」とする文化人類学的発想が背後にあることによるものと思われる。

五味氏は、頼朝政権の宗教装置について詳しく触れ、「関東長者」＝鎌倉殿と捉え、そのスタートを頼朝が大倉御所に入った時点に置いている。しかし、五味氏のいう頼朝の東国国家は、京都王朝からの授権に基づく地方統治機関としか評価できず（j′・k′）、鎌倉における宗教施設の設定形態についても、有力御家人などの本拠地におけるそれと基本的には同じであって、ことさらそこに国家王権を主張するほどのことはないと思われるのである（l′）。「関東の長者」については、元木泰雄氏[11]が、「武士の長者」と呼ばれた源義家を、武士という職能集団の頂点に立つ存在とされたように、東国武士集団の統率者の意味として理解すべきであろう（m′）。

結論としていえることは、幕府の東国に対する統治権は、承久の乱以前は王朝国家の枠組みの中にとどまるもの、突き詰めれば平泉政権的なものにすぎず、幕府は京都王朝に対置しうるほどの独立性のある権力ではなかったということである。したがって、頼朝を王と呼んだり、その政権を国家と称するのは無理があるのではなかろうか。国家的に見た場合、頼朝は「外が浜から鬼界島に至る国土を支配する王権」を守護する、あくまでも「武家の棟梁」にすぎなかったのである。

再び、頼朝は王か

伊藤喜良氏は、国家の王と規定するには宗教的・呪術的・観念的権威の存在が不可欠であるとし、国土安穏・万民快楽《けらく》・徳政の興行というような帝王の役割は少なくとも初期における源氏将軍には備わっていないことから、王権としては不完全だと指摘する。頼朝時代には、軽服《きょうぶく》・衰日《すいにち》・怪異の卜占《ぼくせん》は散見する程度であり、政治のあり方が撫民《ぶみん》へ転換するのは実朝の時からで、この頃から幕府内部に触穢《しょくえ》思想が強まったという。その後、東国の独立が進むと、観念的権威を補完するために皇族将軍（宮将軍）が下向するが、将軍の「帝王」的側面は天皇の持つ観念的権威の借り物にすぎず、結局、鎌倉幕府＝「東国国家」は、あくまでも中世天皇制の枠の中でしか存在しなかったと伊藤氏は結論づけている。[12]

京都・畿内で行われた七瀬祓《ななせのはらえ》・四《し》角四境祭《かくしきょうさい》が鎌倉で初めて行われたのは、それぞれ承久元年（一二一九）七月二十六日と元仁《げんにん》元年（一二二四）十二月二十六日のことであった（『吾妻鏡』）。時の鎌倉殿は摂関家出身の三寅《みとら》（藤原頼経《よりつね》）であり、摂家《せっけ》将軍の時代に将軍家が禁忌に包まれた神聖な存在に変容していくことは認められるものの[13]、こうした陰陽道的・呪術的祭祀《さいし》が王権ゆえに行われたのか、単に貴族社会の風習として行われたのかは区別して考えなければならないであろう[14]。

ところで、中世において、天皇・上皇以外で「国王」として認知されている著名な存在といえば、即座に足利義満《よしみつ》の名が思い浮かぶであろう。[15] 新田一郎氏は、この義満の地位について、公家政権機構における「治天」と同等の地位としている。[16] 後で詳しく見るように、武家が「世の中はからふ主《ぬし》」(『増鏡《ますかがみ》』草枕)として治天の権力を担うようになったはじめは、承久の乱に勝利した北条義時《よしとき》であった。頼朝は武芸故実、物理的・呪術的武芸の統合を果たした職能的な意味における幕府の創始者ではあったが、[17] 三種の神器の剣の代役として国家守護を担当する一権門にすぎなかったのである。[18] 承久の乱後、治天の地位を掌握しても幕府は権力の正当化のために天皇の分身(宮将軍)が必要であった。[19] そのことからも、頼朝〜実朝期に王権を措定するのは、かなりの政治的状況を捨象して考えない限りは困難といわざるをえないであろう。

治承四年における頼朝による「独立国家の樹立」とは、本質的には反乱軍による地域占領として見なすべきものであった。木曽義仲や甲斐源氏も地域占領者である点においては頼朝と同レベルであり、独立という尺度をあてはめるならば、清衡《きよひら》の墓所の置かれた中尊寺《ちゅうそんじ》を中核とする独自の宗教体系も整えられ、京都王朝の身分序列に従属する部分も少なかった平泉藤原氏の方が、はるかに高く評価できる。[20] それらの中で頼朝の政権が一頭地《いっとうち》を抜くようになるのは、寿永二年(一一八三)十月、彼が本位(従五位下)に復し、さらに文治《ぶんじ》以後、高い官位を得て国家的軍事権門に成長していく過程においてのことであった。頼朝の場合、地域に対する実力支配の拡大と王朝権力への従属はパラレルな関係にあったのである。[21]

頼朝の権力は王朝権力による保障に依拠するものであった。しばしば指摘されるように、東国における頼朝の権威の背景は、その貴種性に基づく。川合康氏は、頼朝の「貴種」性が武士社会に内在化した氏・家系観を根拠に成立したもので、それは挙兵後の頼朝の政治によって広く認知されたものであったことを主張する[22]。しかし一方、対朝廷交渉における、彼の持つ貴種性・門閥の効果についても顧みる必要があるだろう。

　頼朝は長く流人の境遇にあったとはいえ、加冠直後に右兵衛権佐に任官するという、公卿の子弟に準ずる経歴を有しており、内乱期に各地で地域権力を樹立した源氏一門に比して、身分的に優位な立場にあったのである。彼は上西門院・二条天皇という王家正統に蔵人として祗候した官歴を持ち、そのうえ、母方の熱田大宮司家は、平治の乱後においても後白河院近臣・上西門院（統子《むねこ》）近臣を輩出していた。伊豆配流中の彼を支えたのはこうした縁に連なる人々であり、彼が「京都王権の奉仕者」を指向するのは当然のことであった。また、頼朝の樹立した政権の中枢に下向吏僚や乳母《めのと》関係者・配所祗候者など、貴族としての頼朝の縁に連なる人々の数が多いことにも注意すべきである[23]。元木泰雄氏が指摘するように、頼朝の挙兵に際し、彼に従った武士が戦った相手は平家方の目代や家人であって、東国武士が貴族政権や荘園・公領体制そのものに対して強い敵愾心《てきがいしん》を抱いていたわけではない[24]。そして、東国には、頼朝の挙兵によって牢籠《ろうろう》の身となり、その恨みから頼朝殺害を企てた左中太《さちゅうだ》常澄《つねずみ》のような者もあったのである[25]。

こうしてみると、頼朝の評価について、東国在地領主層の輿望《よぼう》を担う存在であったという側面が、従来の領主制論に基づく研究において強調されすぎていたことに思い至らざるをえない。頼朝は、東国の地域権力の首長であるとともに職能的な意味で武士の頂点に立つ「関東長者」となった。しかし、だからといって、彼に京都の王権に対峙《たいじ》するような「東国の王権」を措定することには無理があるのである。

頼朝に王の姿を見出そうとするならば、それは文化人類学的な側面からということになる。その意味で、頼朝は王にふさわしい身体と品格・個性を持つ存在だったのであろうか。『玉葉』寿永二年十月九日条には、「およそ、頼朝のていたらく、威勢厳粛にしてその性強烈、成敗分明にして、理非断決すと云々」とあって、これはまことに王たるにふさわしい。また、『愚管抄』(巻第五)にも「頼朝ハ鎌倉ヲ打出《うちいで》ケルヨリ、片時モトリ弓セサセズ、弓ヲ身ニハナツ事ナカリケレバ、郎従ドモ、ナノメナラズヲヂアイケリ。手ノキ、ザマ狩ナドシケルニハ、大鹿ニハセナラビテ角ヲトリテ手ドリニモトリケリ」と見え、東国武士たちをもその威儀・武技によって圧伏・畏怖させた姿がうかがえる。『玉葉』の記事は、頼朝の上洛を期待する記主兼実の過大な期待が背景にあるから、すこし割り引いて評価しなければならないが、しかし、彼が京都の貴族、東国の武士を問わず、威厳に満ちた存在として認められていたことは確かなようである。

歴史認識と頼朝のイメージ

狩場において、ある御家人の郎従の射た矢が見事に獲物に命中。ところが、頼朝はこれを自分が仕留めたものと一瞬誤解した。それに気づいたかの郎従は、素早く獲物に刺さっていた自分の矢を頼朝のものに取り替えて、頼朝の前に差し出した。これに感じた頼朝は、この郎従を直属の侍に取り立てた、というあまり愉快ではない話が『吾妻鏡』文治五年十一月十七日条に見える。頼朝は、東国武士団と河内源氏との譜代的関係を強調し、それを前九年合戦まで遡及させてアピールしたり、(26) 彼に敵対した主人を殺して参向し、御家人に加えられることを願った者の殺害を命じるなど、主従制のあり方を「譜代の論理」によって武士一般の道義観念に基づく結合原理とすることを意図的に行って、今日の社会にまで深く影響を与えている武家的道徳観念の育成につとめた。(27) 頼朝こそ、武家イデオロギーのルーツともいえる存在なのである。

こうした頼朝の方策は、治承四年の挙兵に呼応したことによって、有力御家人としての地位を確立した東国武士たちにとっても、自己の武家としての正統性を主張するうえで絶好の根拠となった。頼朝への貢献が自家の名誉ある由緒とされ、頼朝に至る源氏との関係の強さが、武家としての正統性を支えるものとなったのである。(28)

宝治《ほうじ》合戦で北条氏に敗れた三浦氏一族が、頼朝の肖像画を安置した法華堂《ほっけどう》（頼朝の墳墓堂）に籠もり、「往時」を談じつつ族滅したり（『吾妻鏡』宝治元年六月五日条）、鎌倉時代の末、武蔵国の児玉党を出自とする肥後国野原《のはら》庄（熊本県荒尾市・長洲町）の地頭小代伊《しょうだいこれ》重《しげ》がのこした置文に、先祖の行平《ゆきひら》が頼朝の伊豆山参詣の随兵役をつとめた時、頼朝から肩をおさえられて「心やすき者と思うぞ」といわれたという、ただそれだけのことを書き記して子孫に誇らしげに伝えた、[29]というような話からは、東国武士たちが頼朝の権威を拠り所にし、あたかも彼が「王」であったかのように考え始める背景がうかがえるであろう。承久の乱後、実質的に国務を掌握した北条氏にしても、御家人社会における一般御家人より上位のステイタスを占める根拠の一つを義時が頼朝の「家子《いえのこ》専一」だった点に求め、また、時宗《ときむね》（八代執権）は七代将軍源惟康《これやす》に頼朝の姿を再生させようとしたという。[30]北条権力の正統性の淵源として頼朝の王格化は不可欠だったのであろう。

　こうした意識は『吾妻鏡』『平家物語』『梅松論《ばいしょうろん》』などの歴史叙述に反映されることとなる。佐伯真一氏は、近世文芸の多くからは、その時代につながる体制の起源を頼朝ないし頼朝の時代に求める意識の存在が想定され、日常的権益を保証する文書一般に冠する名として、頼朝が天皇家に次いでふさわしかったという事実を指摘している。また、高木信氏も、頼朝という秩序の中心により言説が編制され、文芸テクストが形成されていったことを論じている。[31]頼朝に東国の王権を措定しようとする発想は、後世の歴史認識に基づく「頼朝のイメージ」に依拠するところが大きいのではないだろうか。

「国王」と「国主」

『太平記《たいへいき》』の巻頭には、「其の後、頼朝卿の舅遠江《とおとうみ》守平時政の子息前《さきの》陸奥守義時、自然に天下の権柄《けんぺい》を執り、勢漸《ようや》く四海を覆さんと欲す。（中略）後鳥羽院は隠岐国《おきのくに》へ遷《うつ》されさせ給ひて、義時弥《いよいよ》八荒《はっこう》を掌《たなごころ》に握る」と見える。貫達人氏は、これらを踏まえて「少なくとも鎌倉末から南北朝頃の人達は、義時が治天の君の権限を獲得したこと、つまり天下を掌握してゐたことを認めてゐたといへるのではなからうか」と述べる。そして、義時の法華堂が、頼朝のそれと並んで、幕府の後山の中腹に特に設けられた理由を、こうした事情に求めるのである[32]。

また、貫氏は、これに関連して、『吾妻鏡』建久三年五月二十六日条に「若公《わかぎみ》幼稚の意端、仁恵をさしはさみ、優美の由、御感《ぎょかん》あり。御剣《ぎょけん》を金剛公《こんごうぎみ》に献ぜらる」と、頼朝が金剛公（義時の嫡男泰時《やすとき》）に御剣を献じた、という表現がされていることについて、「若公」の表記は貞暁《じょうぎょう》・実朝といった頼朝の子と同等の扱いであることを指摘したうえで、「おかしいといへばたしかにおかしいけれども、天下を掌握してゐる人の従者（この記事の執筆者―野口注）の気持としては、どうやらうなづけるやうな感じがする」と述べている[33]。

貫氏は、承久の乱後、北条氏が治天として宗教権門の人事権も掌握したことを示す史料として、『日蓮聖人《にちれんしょうにん》遺文全集』所収「祈禱抄」の「関東の国々のみならず、叡山・東寺・園《おん》城寺《じょうじ》の座主・別当、皆関東の御計《おんはから》ひと成りぬる故に、彼の法の檀那《だんな》と成り給ひぬるなり」という記事を挙げているが、佐藤弘夫氏は、その日蓮の著述において、「国王」、「国主」という用法上の区別があることを明らかにしている。日蓮は伝統的・制度的に国家の頂点にある「国王」（＝天皇）の下で、実質的な全国支配の権能を行使する「世ヲシロシメス」者＝「治天」を「国主」（＝北条得宗：承久の乱の結果、後鳥羽院から義時に移行）と捉え、朝廷と鎌倉という国家権力の二重構造の実態を的確に把握していたのである。[34]

黒田俊雄氏のいうように鎌倉幕府の公式記録の編纂者が、ほかならぬ京都の「天皇」を自分たちの国王と見ていたことは間違いなかろう。[35]したがって、佐藤弘夫氏が一方で指摘するように、幕府が後鳥羽院政の「亡国」の後を承《う》けて成立した正統な政権であり、日蓮がその意味において北条氏を王に比定する言説を唱えたケースがあったにしても、頼朝をもって王と認知するような思想情況は、少なくとも頼朝が在世していた段階においては想定しがたいのである。東国の王としての頼朝のイメージは、承久の乱後、たとえ帝王といえども不徳ならば統治の主体となりえないという思想が広まって鎌倉政権が正当化された段階を経て、遡及的に形成されたのであろう。[36]

このことは鎌倉開府の問題についても敷衍《ふえん》できる。相模国鎌倉は十一世紀以前から南坂東における一つの軍事・政治的中心として機能し、多くの宗教施設も存在していた。そして、その西境が稲瀬川から稲村《いなむらがさき》崎まで拡大し、幕府が若宮大路の東に移るなど、政権都市として本格的展開を示すのは承久の乱以後のことであった。にもかかわらず、『吾妻鏡』は頼朝による鎌倉開府を強調するのである。これは福島金治氏の指摘するように、まさしく武家による政権都市誕生の「説話的」表現と考えられよう(37)。頼朝は鎌倉開府説話の主人公としても東国の王に擬せられたのである。

こうした「王」化された頼朝のイメージが視覚的・聴覚的に完成されたものが、『源平盛衰記』の「顔大ニシテ、長《たけ》ヒキ（低）ク、容貌花美ニシテ、景体優美也。言語分明ニシテ、仔細ヲ一時宣《いっときにのべ》タリ」という言説であろう。高木信氏は、「大顔」を異形の者の身体表象の一つとして捉え、この大顔・短身の頼朝の姿に、王権に「マツロワヌモノ」の身体と王権の中心に従属する身体の両義的表現を見出している(38)。

遡及的所産としての「王権」

文化人類学的な側面から、源頼朝に「狩猟王」のような「王権」を措定し、その権力の本質を追究することの意味は大きいと考える。しかし、国制史の次元で頼朝を王と評価することは困難であろう。鎌倉幕府の政治権力としての段階・レベルを十分に考えることなしに、「王権」の語を濫用し、一人歩きさせている現状には疑問を感じざるをえない。

この時代において、誰に王権を措定すべきかという問題は、中世国家論と密接不可分な関係にある。頼朝に王権を措定する見方の背景には、近年の武士論研究の進展によって克服されたはずの武士発展史観が垣間《かいま》見《み》える。たしかに、頼朝は、物理的武芸・呪術的武芸、武芸

二つの源頼朝像（部分）　左は神護寺（京都府）所蔵の大和絵「伝源頼朝像」。似絵の名手藤原隆信筆と伝えるが真偽は不明。右は甲斐善光寺（山梨県）所蔵の木像「源頼朝坐像」。作者不詳。文保３年（1319）の銘があり、近年の研究では、実際の面影をうつした可能性がある唯一の頼朝像とされる。

故実の統合者として武芸専業者の政権の創始者にふさわしい存在であり、朝廷に対しては制度外的存在として対峙する姿勢を見せたが、その国制的立場は王権の守護者のレベルにとどまっていた。幕府が「治天」の権力を手中にした後世に至り、幕府・武家の構成メンバーの正統性のために頼朝は遡及的に王として評価されたにすぎないのである。

そのような頼朝認識が反映された中・近世の文芸作品の存在もまた、今日に至るまで、人々に王としての頼朝のイメージを再生産するものとなった。すでに、頼朝の肖像である可能性がほとんど消滅していることのかかわらず、そうした頼朝のイメージにもっとも適合しているために、その地位を失うことのない神護寺の国宝「伝源頼朝像」は、頼朝に王権を措定することの矛盾を象徴するかのような遺産といえるのではないだろうか[39]。

注

(1) 今谷明「王権論」(子安宣邦監修、桂島宣弘ほか編『日本思想史辞典』ぺりかん社、二〇〇一年)

(2) 近藤成一「中世王権」(佐藤和彦ほか編『日本中世史研究事典』東京堂出版、一九九五年)

(3) 元木泰雄『平清盛の闘い――幻の中世国家』(角川書店、二〇〇一年)

(4) 山本博文「徳川王権の成立と東アジア世界」(水林彪ほか編『比較歴史学大系1 王権のコスモロジー』弘文堂、一九九八年)

(5) 保立道久「日本中世の諸身分と王権」(永原慶二ほか編『講座 前近代の天皇3 天皇と社会諸集団』青木書店、一九九三年)、青山幹哉「鎌倉将軍の三つの姓」(『年報中世史研究』一三、一九八八年)

(6) 五味文彦「『吾妻鏡』の構想」(同『吾妻鏡の方法――事実と神話にみる中世』吉川弘文館、一九九〇年)、伊藤喜良『日本中世の王権と権威』(思文閣出版、一九九三年)、黒田日出男「こもる・つつむ・かくす――中世の身体感覚と秩序」(朝尾直弘ほか編『日本の社会史 第八巻 生活感覚と社会』岩波書店、一九八七年)、中澤克昭「狩猟と王権」(網野善彦ほか編『岩波講座 天皇と王権を考える 第三巻 生産と流通』岩波書店、二〇〇二年)

(7) 網野善彦『日本の歴史00 「日本」とは何か』(講談社、二〇〇〇年)、五味文彦「京・鎌倉の王権」(同編『日本の時代史8 京・鎌倉の王権』吉川弘文館、二〇〇三年)による。なお、網野氏の所説は、鎌倉幕府の将軍について、御家人に対する主従制的支配権と東国における統治権を掌握していたと捉え、そこに東国国家の王の地位を認めた佐藤進一氏の説(『日本の中世国家』岩波書店、一九八三年）と密接に関係している。
（8）上横手雅敬『日本中世政治史研究』（塙書房、一九七〇年）
（9）貫達人『鶴岡八幡宮寺――鎌倉の廃寺』（有隣堂、一九九六年）参照。
（10）上横手雅敬『日本中世国家史論考』（塙書房、一九九四年）
（11）元木泰雄『武士の成立』（吉川弘文館、一九九四年）
（12）前掲伊藤喜良『日本中世の王権と権威』
（13）永井晋「鎌倉幕府将軍家試論――源家将軍と摂家将軍の関係を中心に」（『国史学』一七六、二〇〇二年）
（14）七瀬祓は天皇のみでなく貴族も行っており、四角祭は元来、疫鬼から個人の健康を守る鬼気祭を四方に拡大してその効果を高めたもので、天皇だけのために行ったのではなく、四境祭もまた天皇の疾疫鎖除の他に撫民的な目的を持つものであった。以上、山下克明氏の教示による。
（15）今谷明『室町の王権』（中央公論社、一九九〇年）
（16）新田一郎「日本中世の国制と天皇――理解へのひとつの視座」（『思想』八二九、一九九三年）
（17）野口実「棟梁の条件」（『日本歴史』五三三、一九九二年）
（18）山本幸司『頼朝の精神史』（講談社、一九九八年）
（19）近藤成一「中世王権の構造」（『歴史学研究』五七三、一九八七年）、前掲永井晋「鎌倉幕府将軍家試論――源家将軍と摂家将軍の関係を中心に」参照。
（20）入間田宣夫『中世武士団の自己認識』（三弥井書店、一九九八年）参照。なお、私は、平泉藤原氏はもとより、鎌倉北条氏の後継者を自認した小田原北条氏や中世全期にわたって下総中東部に君臨した「千葉介」など、中世の列島各地に成立した地域的軍事権力に対し、国家的立場を離れた形で王権論的なアプローチ（中世における地域王権論とでも呼ぶべきもの）を試みることは、旧態依然とした歴史的地域認識を克服する上からも有益なことと考えている。

(21) 元木泰雄「王権と武士政権——清盛・義仲・頼朝」(『国文学　解釈と教材の研究』四五―七、二〇〇〇年)参照。なお、髙橋昌明氏は、頼朝が東国に本拠を置いて旧来の国家機構から離れて半独立的な権力を構築したことが、日本の国家の歴史に大きな方向転換をもたらしたことを、強く主張している(同『武士の成立　武士像の創出』東京大学出版会、一九九九年)。
(22) 川合康「武家の天皇観」(永原慶二ほか編『講座　前近代の天皇4　統治的諸機能と天皇観』青木書店、一九九五年)
(23) 野口実『中世東国武士団の研究』(髙科書店、一九九四年)
(24) 前掲元木泰雄「王権と武士政権——清盛・義仲・頼朝」
(25) 前掲野口実『中世東国武士団の研究』
(26) 川合康「奥州合戦ノート」(『松蔭女子短期大学紀要　文化研究』三、一九八九年)
(27) 野口実『武家の棟梁の条件——中世武士を見なおす』(中央公論社、一九九四年)
(28) 野口実「国家と武力——中世における武士・武力」(『歴史評論』五六四、一九九七年)
(29) 石井進『日本の歴史12　中世武士団』(小学館、一九七四年)、同『鎌倉武士の実像——合戦と暮しのおきて』(平凡社、一九八七年)
(30) 細川重男・本郷和人「北条得宗家成立試論」(『東京大学史料編纂所研究紀要』一一、二〇〇一年)、細川重男「得宗専制政治の論理——北条時宗政権期を中心に」(『年報三田中世史研究』九、二〇〇二年)
(31) 佐伯真一『平家物語遡源』(若草書房、一九九六年)、高木信『平家物語　想像する語り』(森話社、二〇〇一年)
(32) 貫達人「承久変論」(高柳光寿博士頌寿記念会編『戦乱と人物』吉川弘文館、一九六八年)。なお、同「鎌倉幕府成立時期論」(『青山史学』創刊号、一九七〇年)も参照されたい。
(33) 貫達人「吾妻鏡の曲筆」(『金沢文庫研究』一五―七、一九六九年)

(34) 前掲貫達人「承久変論」、佐藤弘夫『神・仏・王権の中世』（法藏館、一九九八年）
(35) 黒田俊雄『黒田俊雄著作集　第一巻　権門体制論』（法藏館、一九九四年）
(36) 前掲川合康「武家の天皇観」
(37) 福島金治「鶴岡八幡宮の成立と鎌倉生源寺・江ノ島」（地方史研究協議会編『都市・近郊の信仰と遊山・観光』雄山閣出版、一九九九年）。なお、斉藤利男「平泉と鎌倉　中世政治都市の形成と展開」（広瀬和雄・小路田泰直編『古代王権の空間支配』青木書店、二〇〇三年）も参照されたい。
(38) 前掲高木信『平家物語　想像する語り』
(39) 頼朝像とすることへの疑念が提起される以前のことであるが、森暢氏は、この肖像画を「その俊秀な風貌は頼朝以外に擬し難い」と評している（森暢「源頼朝像について」、同『鎌倉時代の肖像画』みすず書房、一九七一年）。なお、本節は多くの方々からの直接の教示に負うものがあるが、とりわけ長村祥知氏からは、頼朝に王的権威を認めるのは遡及的歴史的所産であることや関連文献についての教示を得た。このことを明記して謝意を表する。

3　将軍の六波羅邸

鎌倉幕府の評価

源頼朝の開いた鎌倉幕府に対する評価としては、①東国武士を統率した「征夷」大将軍頼朝の政権である。つまり、京都の王朝政府（朝廷）に対するもう一つの国家権力であるという見方と、②鎌倉右大将家《うだいしょうけ》の家政機関である。すなわち、頼朝は関東に駐在するが貴族社会の一員で、国家の軍事・警察権を担当する権門にすぎないという見方がある。

このうち、一般に通用しているのは①の見方であろう。質実剛健で健全な東国武士が奢侈《しゃし》を事とする退廃・堕落した貴族を駆逐するという戦前以来の図式は、戦後歴史学でも、古代から中世への転換という世界史の法則の中に位置づけられた。

しかし、幕府成立後の幕政の担い手を見ると、鎌倉幕府が本当に東国武士の政権であるのかということについては、疑問を呈さざるをえないところがある。大江広元《おおえのひろもと》・三善康信《みよしのやすのぶ》・二《に》階堂行政《かいどうゆきまさ》らは京下り吏僚、北条氏・熱田大宮司家関係者らは頼朝の姻戚、比企氏らは乳母《めのと》関係者、また佐々木・加藤・後藤氏らは東国を本国としない武士たちであった。

そもそも、東国武士たちにも主体的に国家体制の変革を企図しようとした形跡は見当たらない。むしろ、三浦氏や千葉氏らが頼朝の挙兵に加担した背景としては、彼らが平家による後白河院の幽閉を不当なものと認識していたことが指摘できる。そして、幕府を構成する政《まん》所《どころ》や侍所《さむらいどころ》は、公卿家の家政機関そのものであり、鎌倉には源氏将軍家の公卿としての威儀を整えるために多くの貴族・官人が京都から下向していたのである(1)。

また、頼朝の鎌倉居住についても、彼が、はたしてこの地を永続的な本拠と考えていたのかを問うてみる必要が認められるであろう。しかし王朝政府は、頼朝を、かつて平家が担っていた国家守護権を継承する存在と認識していた。在京しない武家の棟梁の前例としては、福原に居住した平清盛の例があり、頼朝はそのメリットを踏襲したものと見られ(2)、また公卿家としての蓄積を持たない頼朝には、在京しても実際の政務(儀式)運営に関与することは困難だったという点も考慮しなければならない(3)。

頼朝のバックグラウンド

頼朝の父義朝は鳥羽院に登用されて、仁平三年（一一五三）、下野守《しもつけのかみ》に任ぜられ、保元の乱の勝利によって殿上人となり、さらに院近臣の大物が任じられる官職だった左馬頭に補された。後白河院は彼の太刀《たち》を護刀とするほど、義朝を重用したようだが、義朝は自らの軍事基盤を拡大する目的もあって、院近臣の有力者である藤原信頼《のぶより》と提携した。これが災いして平治の乱で敗死することになったわけである。しかし、この乱で信頼・義朝がいったん廟堂を制圧した際に行われた除目《じもく》で、嫡子頼朝がわずか十三歳で右兵衛権佐《ごんのすけ》に任じられ、将来公卿に到達できる地位を得たことは、頼朝の将来に重要な意味を持った。

頼朝の母は熱田大宮司藤原季範《すえのり》の娘。熱田大宮司家は院近臣の家柄である。頼朝は、この外戚の力にもあずかって保元三年（一一五八）に皇后宮権少進《ごんのしょうじょう》（皇后宮は後白河の姉にあたる統子《むねこ》内親王）、翌平治元年（一一五九）には右近衛将監《うこのえのしょうげん》に任じられ、統子内親王に上西門院の院号が宣下されると、その蔵人、さらに二条天皇の蔵人に補されている。

平治の乱中の除目で叙爵されて右兵衛権佐（武衛）に任じられたのは、清盛の少年時代に匹敵する、「公達」という武家の棟梁にふさわしい身分を得たことを示し、義朝は乱には敗れたが、嫡子の頼朝に、ほかの源氏一門から一頭地を抜いたステイタスを遺産としてのこしたことになった。以下は挙兵後の頼朝の官位である。

寿永二年（一一八三）十月、従五位下《じゅごいのげ》に復す
元暦元年（一一八四）三月、正四位下《しょうしいのげ》
文治元年（一一八五）四月、従二位
文治五年（一一八九）正月、正二位
建久元年（一一九〇）十一月、権大納言・右大将、同十二月、両職を辞す
建久三年（一一九二）七月、征夷大将軍

武門源氏の邸宅と拠点

京都とその周辺において、頼朝の先祖たちの邸宅・拠点はどこにあったのか。有名な場所を挙げると、伝承とはいえ、まず思い浮かぶのは、清和《せいわ》源氏の祖と呼ばれた源経基《つねもと》の邸宅が、現在の六孫王《ろくそんのう》神社のところにあったということである。六孫王とは、通説で貞純《さだずみ》親王（清和天皇の第六皇子）の子とされた経基のことで、ここはその墓所でもある。この地は十二世紀後半になると平家の西八条《にしはちじょう》（邸）のエリアに含まれることになり、鎌倉時代には源実朝の後家（西八条禅尼＝坊門信清《ぼうもんのぶきよ》の娘）の住んだ遍照心院《へんじょうしんいん》の敷地になった。[4]

頼義から為義の時代の河内源氏の本邸として有名なのが、六条堀河邸である。都の治安維

持に活躍した義経もここに入っている。鎌倉時代になると、この地には六条若宮八幡宮が造営されることになった。

保元の乱の時、為義が拠点としていたのが円覚寺《えんがくじ》で、現在の南禅寺《なんぜんじ》付近にあたる。また、伏見《ふしみ》には平治の乱の直前に義朝軍の訓練場があったようだ。[5] さらに、義朝の拠点が船岡山近辺に所在したという可能性も指摘されている。[6]

頼朝上洛時の「御亭」

平家が滅び、いよいよ頼朝が上洛を企図するようになった段階で、その邸地の第一候補に挙げられたのは山科沢殿《やましなさわどの》であった。[7] 文治三年（一一八七）、頼朝は京都近郊の恒常的な邸として後白河院の所有する「山科沢殿」を申請した。ところが、院は頼朝の上洛を望んでいたにもかかわらず、その申し出を拒否するのである（『吾妻鏡』四月一日条・『玉葉』四月二十四日条）。

山科沢殿は、三方を山に囲まれて洛中〜東国の幹線道路が通る、まさに京都の死命を制するところに位置していた。ここに頼朝の邸が構えられれば家人が駐屯して城塞化する可能性があり、また京都への道路をふさいで人と物資の供給を止めることを可能にしてしまう。院はこうしたことを危惧したのであろう。しかし、この時点では義経問題などが存在したために、頼朝上洛の客観的条件は整わず、この話は立ち消えになった。

結局、建久元年（一一九〇）に頼朝が上洛するに際し、その邸が営まれたのは、六波羅であった。[8]いうまでもなく、六波羅は平家の本拠だったところで、頼朝は「平家没官領《もっかんりょう》」として、この地を手中におさめていたのである。すでに、文治元年（一一八五）、京都守護として上洛した北条時政の宿所がここに置かれており、「北条殿公文所《くもんじょ》」や時政の代官になった弟とみられる時定《ときさだ》の「北条小御館《こみたち》」の存在も知られている。なお、時政は六波羅の北隣に位置する「綾小路北、河原東」にも没官京地を所有していた。

建久元年七月、頼朝の「上洛御亭《ごてい》」新造のために法橋昌寛《ほっきょうしょうかん》が上洛。また頼朝は、「宿所」と「家人共の屋形」を構えるために「東路之辺」に広い土地を院に要求している。恒常的ないしは定期的な居住を目的にしたものと見ることができよう。その結果、頼朝の宿所（邸）は平頼盛の六波羅池殿《いけどの》跡地に造営され、「家人共の屋形」の用地として六波羅ならびに東洞院以東四条・五条辺の洛中東部の地が用意された。この年の十一月、上洛した頼朝は、二町を占める大規模な「六波羅新御亭」に入った。

頼朝の関東下向後、この六波羅邸には頼朝の甥にあたる一条高能《たかよし》が居住し、建久六年（一一九五）に再び頼朝が上洛した際にも使用されている。同九年、高能が死去すると中原親能《ちかよし》が留守役になった。親能は頼朝の娘三幡《さんまん》の乳母夫《めのと》であり、この邸が頼朝の近親者によって守られていたことが分かる。しかし、この邸は建仁三年（一二〇三）に至って焼亡してしまった。ちなみに、その前年の建仁二年、二代将軍頼家によって六波羅の域内に建仁寺が建立されている。

承久の乱後の六波羅

承久の乱（一二二一年）の後、南北六波羅殿（六波羅探題府）が設置された。南殿は六条大和大路にあったことが分かっている。その結果、両六波羅殿の周辺には、六波羅奉行人や探題被官・家人等の宅や宿所が続々と構えられていったようである。

その後の六波羅の将軍御所に関する史料所見を挙げておこう。(9)

暦仁《りゃくにん》元年（一二三八）　四代将軍頼経の上洛に際し、建久の例に任せて六波羅に御所が新造される。

寛元《かんげん》四年（一二四六）　頼経が京都に送還されたとき、北条重時《しげとき》（義時の三男で六波羅探題北方《きたかた》）の六波羅「若松宅」に入る。

建長《けんちょう》四年（一二五二）　五代将軍藤原頼嗣《よりつぐ》（四代将軍藤原頼経の子）が京都に送還されたとき「若松殿」に入る。六代将軍宗尊《むねたか》親王（後嵯峨《ごさが》天皇の第一皇子）は六波羅の北の檜皮屋《ひわだや》に渡ってから鎌倉に出立。

正応《しょうおう》二年（一二八九）　八代将軍久明《ひさあき》親王（後深草《ごふかくさ》天皇の第六皇子）は六波羅の北に渡って鎌倉に出立。

『続史愚抄《ぞくしぐしょう》』という史料に、元弘《げんこう》元年（一三三一）八月、後伏見《ごふしみ》上皇・花園《はなぞの》上皇・量仁《かずひと》親王（のちの光厳《こうごん》天皇）が六波羅に遷《うつ》った時、六波羅の北方を御所としたが、ここにはかねてより「将軍の幕府」として檜皮屋一宇が造られており、ここに入れ奉ったという記事が見える。『増鏡』にも「六波羅の北に、代々将軍の御料とて造りをける檜皮屋一つあるに」とあって、六波羅には、頼朝・頼経の造営した御所に継続する形で代々将軍の「幕府」たる檜皮《ひわだ》葺《ぶ》きの邸宅（御所）が用意されていたことが分かる。

将軍（鎌倉殿）は必ず六波羅御所に移徙《いし》してから東国に下向している。熊谷隆之氏はこの点に注目し、摂関家や王家に属した貴種が武家の長である鎌倉殿の地位につくにあたり、まず京都における征夷大将軍邸に移徙し、そのうえで鎌倉に下向するしきたりがあった、つまり、朝廷側の認識では鎌倉殿の本邸は六波羅に所在しており、観念上、鎌倉は征夷出征中の拠点にすぎなかったのだという注目すべき見解を示している(10)。

この視点から鎌倉時代の京都の空間を捉え直すと、当時の国家のあり方が見えてくるように思える。陣中という三町四方の権威空間に囲まれた内裏（閑院《かんいん》）がほぼ洛中の中心にあり、鴨川をはさんでこれと対峙するように「武家地」六波羅が広がる。しかし、洛中の要所要所には、武士の駐屯する「篝屋《かがりや》」が置かれている。大内裏の跡地や神泉苑《しんせんえん》は権威空間として存在するが、京都の西の境界は大宮大路になり、平安京の右京と左京を分かった朱雀大路

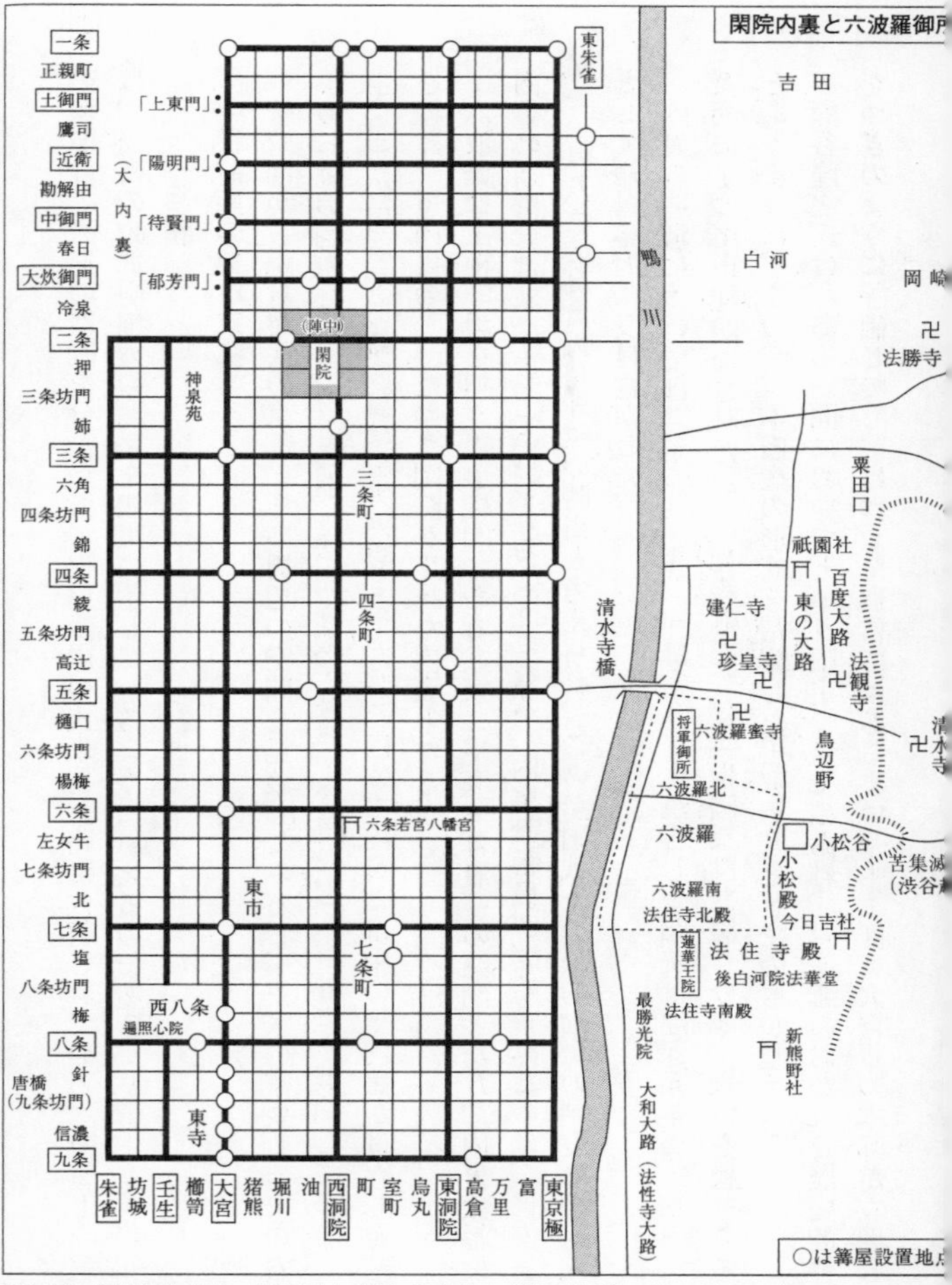

野口実「閑院内裏と『武家』」（『古代文化』第59巻第3号、2007年）による

は、当時の公武両権力の関係を如実に示しているように思えるのである。[11]そうした光景の機能は、公武の空間を分かつ形で鴨川西岸の東朱雀大路に代替されている。

中世前期の都市京都

院政期から鎌倉時代の京都とその周辺の空間を見渡してみると、王家の家長（治天の君）である院の御所は、白河・鳥羽・法住寺殿《ほうじゅうじどの》・嵯峨《さが》・伏見など、京外にも展開している。王（天皇）の居所である内裏は、大内裏（平安宮）内の本内裏と京中の里内裏《さとだいり》が併存した時期を経て、里内裏の一つだった閑院が正統な内裏となる。

六波羅は王権守護を担う軍事権門である武家（平家や幕府）の空間となり、内裏大番役や内裏の造営は武家によって行われるようになる。内裏大番役が開始されたのは、仁安《にんあん》三年（一一六八）の高倉天皇即位の時点と考えられ、[12]この諸国武士の公的動員の制度は御家人役として鎌倉幕府に受け継がれた。

内裏の造営については、承元《じょうげん》二年（一二〇八）に焼亡した閑院は建保《けんぽう》元年（一二一三）実朝によって再建がなされたが、『光親卿記《みつちかきょうき》』に「指図（設計図）今多く大内を模せらる」とあるように、この時、本内裏の形式を踏襲した王家正邸としての形が整う。

熊谷隆之氏は「ある一面においてという限定つきではあれ、六波羅のおかれた歴史的位置をつぎのように評価しても、けっして過言ではあるまい。——征夷大将軍の本邸が立地した

「武家」六波羅は、鎌倉幕府の本拠であった、と」と述べている。(13) 右に述べたような京都の空間構造を俯瞰《ふかん》すると、やはり鎌倉時代の国家は京都の朝廷のもとに一元化されていたものと捉えざるをえない。洛中に配置された篝屋に示されるように、公家のエリアにも武家は進出し、やがてその実力は公家を凌《しの》いでいくが、しかし、神泉苑をはじめとする「四箇所《しかしょ》霊場」が室町時代まで存続したように、伝統的権威空間の利用という点で武家は古代以来の王権に依存する立場にあったことも事実なのである。(14)

こうした権威装置の記憶と模倣は、公武を膝下《しっか》におさめた「天下人」豊臣秀吉《とよとみひでよし》が、大内裏の跡地に聚楽第《じゅらくてい》を造営し、六波羅の故地に方広寺《ほうこうじ》・大仏殿を造営したことにも見出すことができると思う。

注

(1) 青山幹哉「王朝官職からみる鎌倉幕府の秩序」(『年報中世史研究』一〇、一九八五年)
(2) 髙橋昌明「後白河院と平清盛――王権をめぐる葛藤」(『歴史評論』六四九、二〇〇四年)、同「海をにらんだ前大相国――平清盛の実像」(『兵庫のしおり』八、二〇〇六年)
(3) 松薗斉「前右大将考――源頼朝右近衛大将任官の再検討」(『愛知学院大学文学部紀要』三〇、二〇〇〇年)
(4) 野口実「「女の都市」と遍照心院の成立」(『大通寺報　ふかみくさ』二〇、二〇〇四年)
(5) 元木泰雄『保元・平治の乱を読みなおす』(日本放送出版協会、二〇〇四年)
(6) 保立道久『義経の登場――王権論の視座から』(日本放送出版協会、二〇〇四年)

(7) 木内正広「頼朝上洛「御亭」をめぐる一申請——文治三年四月の申請について」(『文化史学』三三、一九七七年)
(8) 木内正広「鎌倉幕府と都市京都」(『日本史研究』一七五、一九七七年)、高橋慎一朗『中世の都市と武士』(吉川弘文館、一九九六年)
(9) 前掲高橋慎一朗『中世の都市と武士』
(10) 熊谷隆之「六波羅探題考」(『史学雑誌』一一三—七、二〇〇四年)
(11) 野口実「中世前期の権力と都市——院御所・内裏・六波羅」(髙橋康夫編『中世都市研究12　中世のなかの「京都」』新人物往来社、二〇〇六年)
(12) 元木泰雄「王権守護の武力」(薗田香融編『日本仏教の史的展開』塙書房、一九九九年)
(13) 前掲熊谷隆之「六波羅探題考」
(14) 野口晶子「消えた洛中寺院・大勧進長福寺」(京都造形芸術大学大学院芸術研究科『二〇〇一年度修士作品・論文集』二〇〇二年)

第四章　京を守る義経――院近臣の「英雄」

【略伝】　源義経（一一五九～八九）

源義朝の末子で、母は九条院雑仕《ぞうし》常盤《ときわ》（常葉）。幼名、牛若《うしわか》。また九郎と称した。彼の波乱に満ちた生涯は、広く知られているが、それはおおよそ室町時代に成立した『義経《ぎけい》記《き》』に基づくものであり、実のところ、義経の行動が史実として確認できるのは、治承四年（一一八〇）、兄頼朝が平家打倒の挙兵をしたのを聞いて、奥州から駆けつけてから後のことである。

義経が頼朝に対面したのは駿河《するが》国の黄瀬川《きせがわ》宿（静岡県沼津市）であったが、このとき義経が奥州から引き連れてきた軍勢について、『平家物語』の読み本系の一つ『源平闘諍《とうじょう》録《ろく》』巻第五は「二十騎計《ばかり》」と記す。ところが『平治物語』の古態本《こたいぼん》（岩波書店「新日本古典文学大系」所収）は兄弟対面の場所を「相模の大庭野《おおばの》」（神奈川県藤沢市）とし、そこに義経が「其勢《そのせい》八百騎ばかり」を率いて参陣したとしている。

頼朝の挙兵に応じた坂東の有力武士団の兵力は、上総広常《ひろつね》の二万騎を別格にしても、千

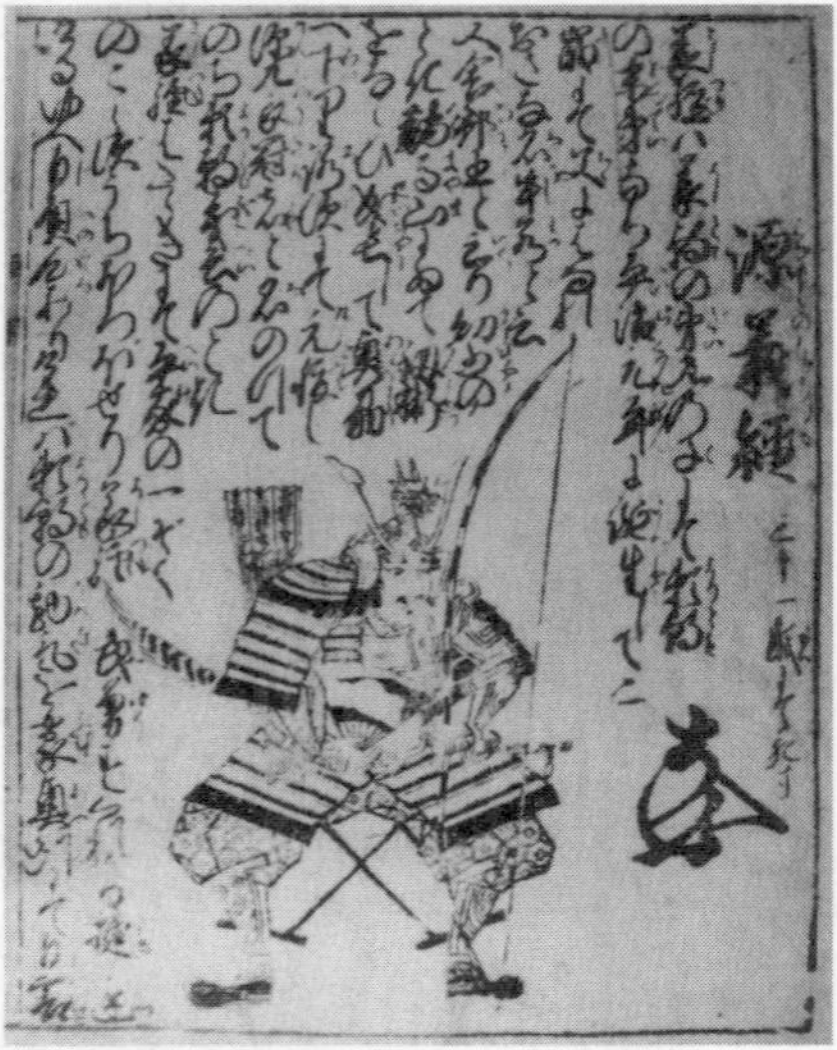

源義経　「本朝百将伝」より

葉常胤《つねたね》でさえ三百余騎であったから（『吾妻鏡』治承四年九月十七日条）、これが事実であれば、義経の武力は相当なものとなる。そして、この数字はけっして誇張とは思えないのである。

義経が頼朝のもとに参向するに際して、平泉の藤原秀衡《ひでひら》の郎等であった佐藤継信《つぐのぶ》（嗣信）・忠信《ただのぶ》兄弟が付き従ったことはよく知られている。

彼らの父は、奥州南部（福島市あたり）の有力な在地領主で信夫《しのぶ》郡司《ぐんじ》・湯庄司《ゆのしょうじ》の肩書きを持つ元治《もとはる》である。そして、この元治の祖父くらいにあたる信夫郡司大庄司季春《おおしょうじすえはる》（季治）は、平泉の藤原基衡《もとひら》（秀衡の父）の「代々伝はれる後見《うしろみ》なるうへ、乳母子《めのとご》（乳兄弟）」（『十訓抄《じっきんしょう》』下）であったという。

このことを踏まえると、義経の黄瀬川の陣参向は、平泉政権の頼朝への加担を示し、また佐藤兄弟も、その身分と実力において坂東の有力武士団の子弟と肩を並べるものがあったといえるのである。弟の忠信が平家追討に活躍する過程で兵衛尉《ひょうえのじょう》に任官していることも、その傍証となる事実であろう。

また、義経について従来見過ごされている重要な事実は、彼が少年期、奥州下向後の早い時期に妻を迎え、その間に娘をもうけていることである。この娘は、義経上洛後、伊豆右衛門尉有綱《ありつな》（源三位《げんざんみ》頼政の孫）の妻になっている。ちなみに、佐藤兄弟の義経に対する献身的な奉仕を思うと、義経の妻は彼らの姉妹であったのかもしれない。

藤原秀衡は、その死に際して、義経を大将にして源頼朝と戦うべきことを遺言したといわれるが、義経の人生は平泉藤原氏の存在に規定されるところが多くあった。たとえば、義経が頼朝と対立して追討を受けたとき、その逃亡を援助した藤原（高倉）範季《のりすえ》という院の近臣は、陸奥守・鎮守府将軍の経歴があり、在任中、奥州平泉にいた義経とすでに交誼《こうぎ》を深めていたと考えられる。

義経が頼朝の代官として上洛したのち、院をはじめ中央貴顕の信頼を集めることができたのは、彼の人柄にもよろうが、範季という有力なパイプに負うところも大きかったと思われるのである。

また、義経が海上の戦闘に長《た》けていたのは、彼の配下に熊野王子権現《ごんげん》の社家《しゃけ》の出である亀井《かめい》六郎重清《しげきよ》や下総国三崎《みさき》（海上《うなかみ》）庄（千葉県銚子《ちょうし》市・旭《あさひ》市）を本拠とする片岡《かたおか》次郎常《つね》春《はる》、それに「伊勢者」など、海の武士団が多く組織されていたからであるが、彼らは、西国から平泉に至る太平洋水運のネットワークを通じて、平泉藤原氏と密接な関係を有する存在だったと思われる。ちなみに、義経が平家討滅を果たすうえで熊野水軍の果たした役割は大きいが、平泉藤原氏滅亡の際、泰衡《やすひら》（秀衡の嫡男）の後見として熊野別当を名乗る人物が逮捕されている（『吾妻鏡』文治五年九月十八日条）。義経と平泉は、切っても切れない関係にあったのである。

文治元年（一一八五）壇《だん》ノ浦《うら》の合戦で平家を滅ぼした後、兄頼朝と袂《たもと》を分かって退京し、逃亡を続けた義経が、最後に落ち着いたのも、やはり平泉であった。泰衡の軍に攻められて、その短い生涯を閉じたのは文治五年閏《うるう》四月三十日のことである。

1　二度の奥州下向

牛若丸の平泉下向

平治の乱後、源義朝の遺児のうち、正妻である熱田大宮司藤原季範《すえのり》の娘腹の頼朝・希義《まれよし》はそれぞれ伊豆・土佐に配流されたものの、常盤御前《ときわごぜん》の生んだ今若《いまわか》・乙若《おとわか》・牛若の三子は京都にとどまっている。今若は醍醐寺《だいごじ》に入って全成《ぜんせい》と名乗るようになり、源頼朝が挙兵した時には義経よりも先に下総国鷺沼《さぎぬま》（千葉県習志野《ならしの》市）で参会を果たし、のちには北条時政の娘阿《あ》

源義経関係系図

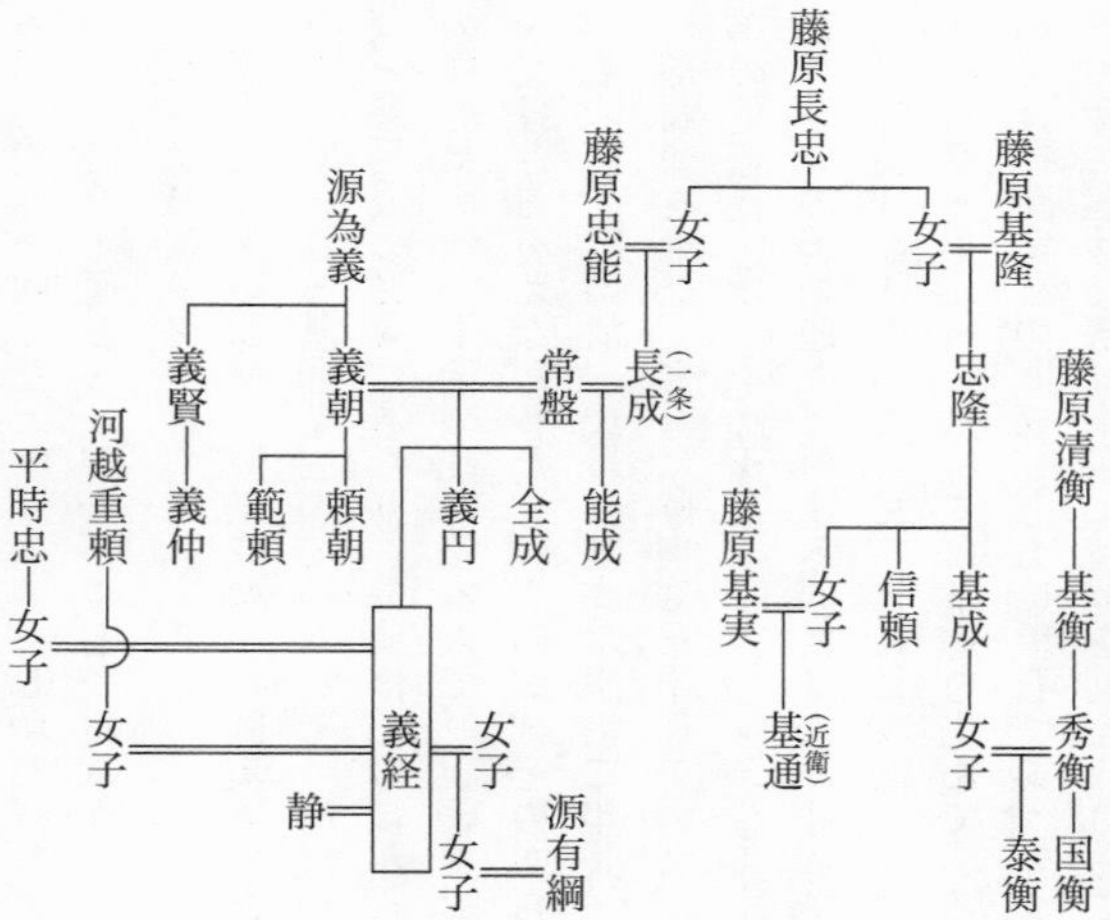

波局《わのつぼね》を妻にしている。乙若も仏門に入って後白河院の皇子八条《はちじょう》宮《のみや》円恵《えんえ》法親王《ほっしんのう》に仕える坊官となり、はじめ円成《えんせい》、のちに義円《ぎえん》と称した。以仁王《もちひとおう》が平家打倒の兵を挙げた頃は、尾張国愛智《あいち》郡司慶範禅師《ぎょうはんぜんじ》の婿になっていたらしく、養和元年（一一八一）三月の墨俣川《すのまたがわ》合戦で平家軍に討たれている。

こうしてみると、鞍馬山《くらまやま》に入った牛若（ここで「遮那王《しゃなおう》」という稚児《ちご》名を与えられたという）も京都で比較的自由な生活を送ることができたように思われる。その彼が奥州への下向を志した理由について鎌倉幕府の正史である『吾妻鏡』（治承四年十月二十一日条）は、「継父《けいふ》一条大蔵卿《おおくらきょう》長成《ながなり》の扶持によって鞍馬山に入っていたが、成人の後、しきりに平家への復讐心《ふくしゅうしん》を催して、自らの手で元服し、秀衡の威勢をたのみ、奥州へ下向した」と述べる。しかし、義経がそう思っても、受け入れる側の秀衡の了解がなくては如何《いかん》ともしがたいことであろう。このことについて、一つの仮説を提示したのが角田文衞《つのだぶんえい》氏である。

平泉の秀衡の岳父藤原基成《もとなり》は、前陸奥守であるうえに、その姉妹は関白藤原基実の妻となり、摂政となる基通を生んでいたから、平泉で大きな権威を有していた。この基成の父忠隆《ただたか》は一条長成の従弟にあたり、長成はその縁から義経の保護を基成に依頼した。基成にも、彼の異母弟信頼が平治の乱の張本人で、義朝を道連れにしたという負い目があったから、これを受けざるをえなかったというのが、そのあらましである(1)。

その後、岡田清一氏は、基成が康治二年(一一四三)四月に陸奥守に補任《ぶにん》され、六月に鎮守府将軍を兼任、さらに陸奥守を重任ののち、都に戻って民部少輔に任じたが、平治の乱で弟の信頼に連座して陸奥に流され、そのまま土着したことを明らかにしている(2)。こうなると、基成の義朝遺児に対する同情はよく理解できる。岡田氏によれば、基成の娘と秀衡の婚姻は陸奥守在任中のことで、すでに泰衡も生まれており、関白基実の妻となっていた彼の姉妹は永暦元年(一一六〇)に基通を生んでいるから、基成は平泉においては秀衡、中央においては摂関家との関係、ともに盤石であったのである。

秀衡にとっても、平泉に義経を迎え入れることは政治的なメリットが期待できたようである。杉橋隆夫氏は、平治の乱後、平家一門の池殿頼盛《よりもり》の家人によって捕縛された頼朝を、池家が一門内で相剋《そうこく》関係にあった清盛に対しての将来にわたる政治的取引のカードとして確保し、流刑地の伊豆においては、頼盛の母池禅尼《いけのぜんに》（平忠盛の正室藤原宗子《むねこ》）の姪《めい》にあたる牧の方《まきのかた》とその夫北条時政に監視と保護にあたらせていた、という興味深い見解を示している(3)。そういえば、義経とともに平家追討戦で大将軍をつとめた異母兄範頼（母は遠江国池田《いけだ》宿の遊女という）も、後白河院の近臣であるとともに右大臣九条兼実の家司で、陸奥守・鎮守府将軍にも任じられた藤原（高倉）範季に養育されており、どうも源氏の御曹司を掌中に置くことは、リスクは伴うものの、様々な政治的メリットが期待できたものとみられる。

牛若の奥州下向には、平泉勢力のそのような計算もあったのであろう。そして、彼を平泉に伴ったのは、後世成立の物語類で「金売り吉次《かねうりきちじ》」として造形された金商人に相違あるまい。当時、陸奥と京都の間を頻繁に往復していた金商人たちについては、五味文彦氏の研究がある(4)。それによると、こうした金商人の実態は摂関家ないしは院の御厩《みまや》に仕える舎人《とねり》で、彼らは、京都近郊に所在する牧で摂関家や院に貢上された駿馬の飼養にあたる一方、京と奥州を馬で往来しながら遠隔地取引を行う金商人そのものであった。彼らは乗馬に長けていたから、時に武装して荘園侵略に及ぶ者もあり、その風貌は武士そのものであったから「武装商人」ということもできるというのである。

陸奥に到着した義経は、先に述べたような事情から、厚遇をもって迎えられたはずである。これは私の想像だが、彼の身柄を直接引き受けたのは、秀衡の配下に属し信夫郡司にして湯庄司を称する南奥の有力武士佐藤氏であったのではないかと思う。その理由は、周知のように頼朝挙兵後、佐藤継信・忠信兄弟がまさに股肱《ここう》の臣として義経に従って各地を転戦したこと（継信は屋島《やしま》合戦で戦死したが、忠信は兵衛尉に任じられ、和泉国大鳥《おおとり》郷の郷司職に補されている）[5]、そのことから義経が陸奥で結婚した女性が佐藤氏の出であると思われるからである。おそらく、義経は平泉に置かれた佐藤氏の宿所で生活したのではないだろうか。平泉に脱出した義経に妻がいたことは、彼が平家追討のために上洛ののちに源三位頼政の孫に当たる伊豆有綱を婿に迎えていることから明らかで、そのことから、彼の陸奥下向がいつ頃行われたかが類推できるのである。

義経主従の退京

文治元年（一一八五）十一月、兄頼朝と対立して退京を余儀なくされた義経は、叔父の行家とともに、専一の郎等伊勢《いせ》義盛《よしもり》（能盛）以下二百騎を率いて西海《さいかい》（九州）に赴こうとした。しかし、運悪く大物浦《だいもつのうら》から船出した一行は暴風に見舞われて遭難・分散し、以後義経はわずかな従者たちとともに逃避行の生活を送ることとなる。義経は頼朝の代官として京都の守護や畿内近国支配に大きな実績を上げており[6]、また京都を退去する際も混乱を招くようなことは一切なく、「院中已下《いか》諸家、京中悉《ことごと》くもって安穏なり。義経らの所行は実にもって義士と謂うべきか。洛中の尊卑随喜せざるなし」（『玉葉』文治元年十一月三日条）と評されるような態度をとってきたから、貴族や寺院勢力の中に彼を匿《かくま》おうとする者も多く、大和国の吉野《よしの》・多武峰《とうのみね》・十津川《とつがわ》などに潜伏の後、伊勢国を経て南都（奈良）、さらには上洛して仁和寺《にんなじ》・岩倉辺に隠れ、次いで比叡山の悪僧たちの扶持を受けるというように各所を転々としながら、鎌倉からの追及をかわしていたらしい。

しかし、この年の十一月、義経に同行していた愛人の静《しずか》が吉野の蔵王堂《ざおうどう》で衆徒につかまったのをはじめ、翌年には義経に仕えていた童《わらわ》の五郎丸《ごろうまる》、さらに伊勢義盛・堀景光《ほりかげみつ》らの郎等が捕らえられ、平泉から義経に従ってきた佐藤忠信も京都で彼の郎従二人とともに囲まれて自害を遂げるに至り、いよいよ義経包囲網はせばめられていった。

こうして畿内における再起の可能性を失った義経が再び平泉に姿をあらわしたのは、文治三年（一一八七）の春の頃のことだったらしい。『吾妻鏡』同年二月十日条には、藤原秀衡の威勢を頼んだ義経が妻子を伴い山伏と児童の姿に身をやつして伊勢・美濃を経由して平泉へ赴いたという情報が記されている。また、三月五日の条には、諸方からの申状が「義経が陸奥国にあるのは秀衡の企てによる」という点で符合するので、すでに鎌倉から京都守護の一条能保《よしやす》にこの情報を伝えて、朝廷に厳重な調査と処置を求めていたという記事があり、この時点で義経は平泉にあり、頼朝もそれを認知していたことが分かる。

義経が秀衡の企てで平泉に赴いたという情報が存在したというのは注目すべきことで、義経が秀衡を頼ったというだけではなく、秀衡の側にも義経を必要とする状況があったことをうかがわせる。

すでに、頼朝は奥羽を除く列島全域を軍事的支配下に置いていた。頼義・義家以来の河内源氏の宿願である奥羽支配を果たすためにも、配下の東国武士たちの所領獲得の要求を満たすためにも、その矛先が平泉に向けられることは容易に予測されることであった。治承・寿永内乱において、孤立を貫いて平和主義の立場を堅持していた平泉政権にとって、いよいよ正念場が訪れたのである。いかにして戦争回避をはかるかが秀衡の緊急の課題となる。そこで、浮上したのが義経擁立策だったのであろう。

秀衡には嫡子として正室である藤原基成の娘の生んだ泰衡があったが、庶兄の国衡《くにひら》がこれに拮抗《きっこう》するほどの地位を築いており、秀衡死後に内紛発生の可能性が強かった。また、平泉藤原氏に服属している奥羽各地の諸勢力の内部にも同じような問題に直面する存在が多く、鎌倉方からの切り崩しに大きな不安を抱えていたものと思われる。

義経は後世、軍事の天才ではあるが政治的には無能のように評価されているが、先に述べたように、彼は京都守護や畿内近国支配に実績をあげたばかりでなく、京都の貴顕や宗教勢力にも多くの支持者を持ち、しかも後白河院からの信頼もかちえていた。出自の上からも頼朝の弟であり、五位の検非違使・伊予守の官歴も武家の棟梁にふさわしいものがあった。秀衡は院近臣たる義経を擁することにより、最終的には戦争を覚悟しながらも、京都の後白河政権と連携して鎌倉勢力の進攻を牽制《けんせい》しようとしたものと見られる(7)。

この構想は、鎌倉からの恫喝《どうかつ》に屈した泰衡が守ることができず、義経襲撃の挙に出たことによって実現することはなかった。しかし、このような経緯を踏まえると、平泉到着後の義経の立場は従来イメージされていたような落ち武者的なものではなく、少なくとも秀衡が死去するまでの数ヵ月間は平泉の救世主として厚遇され、ある意味では彼の短い人生でもっとも可能性に満ちた日々を過ごすことができたのではないだろうか。

注

(1) 角田文衛「陸奥守藤原基成」(平安博物館記念論文集編集委員会編『日本古代学論集』古代学協会、一九七九年)
(2) 岡田清一「基成から秀衡へ」(『古代文化』四五―九、一九九三年)
(3) 杉橋隆夫「牧の方の出身と政治的位置」(上横手雅敬監修、井上満郎・杉橋隆夫編『古代・中世の政治と文化』思文閣出版、一九九四年)
(4) 五味文彦「日宋貿易の社会構造」(今井林太郎先生喜寿記念論文集刊行会編『国史学論集』今井林太郎先生喜寿記念論文集刊行会、一九八八年)
(5) 堀内和明「治承・寿永内乱期における大鳥郷の位置」(『高石市紀要』一、一九八四年)、菱沼一憲「源義経の政治的再評価」(『国史学』一七九、二〇〇三年)
(6) 前掲菱沼一憲「源義経の政治的再評価」
(7) 元木泰雄「究極の選択」(『京都大学総合人間学部広報』三四、二〇〇三年)

2　義経の支援者たち

義経の政治的立場や人物を考えるために、彼がどのような人たちに支持・援助されていたのかを調べてみるのも一つの方法であろう。

弁慶《べんけい》とか伊勢義盛といった郎等たちの活躍や、義経を慕い続ける白拍子《しらびょうし》静の存在は、義経の波乱に満ちた生涯に鮮やかな彩りを添えている。彼らの活躍なしでは義経の物語は成り立たないのである。しかし、それはあくまでも『義経記』などに描かれたフィクションの世界のことで、彼らの中にはその実在すら確定できない人物もいる。

そこで、ここでは、できるだけ信憑性《しんぴょうせい》の高い史料から義経の郎等や、彼を支持し援助した武士・貴族・僧侶たちの記事を検出し、さらにそのネットワークについて検討してみようと思う。

最初にご登場願うのは、やはり弁慶である。

弁慶と悪僧たち

義経（牛若丸）といえば弁慶の名がすぐに出てくるほどよく知られた存在であるが、そのあまりの超人的な活躍ぶりに、かえって実在を疑われることが多い。

『吾妻鏡』は鎌倉幕府の公的な歴史書であるが、北条氏の立場から編纂されたものであるから、史料としての価値には問題がある。しかし、全体的に見た場合、純粋な文学作品である『平家物語』などよりは記述内容に信が置ける。その『吾妻鏡』の文治元年（一一八五）十一月三日の条に、大物浦から船で九州への脱出をはかった義経に従った人たちの名が記されている。ここに、前中将《さきのちゅうじょう》（平）時実《ときざね》・侍従（一条）良成《よしなり》・伊豆右衛門尉有綱・堀弥太郎景光・佐藤四郎兵衛尉忠信・伊勢三郎義盛・片岡八郎弘経《ひろつね》に次いで「弁慶法師」の名が出てくる。この時、義経の軍勢は二百騎ほどであったが、にわかに暴風雨に見舞われたために、軍勢は四散してしまい、義経は有綱・堀弥太郎・武蔵房《むさしぼう》弁慶と妾女静の四人とともに天王寺《てんのうじ》に一宿ののち、逃亡の日々を送ることとなる（六日条）。

弁慶が『吾妻鏡』に出てくるのは、ここだけで、しかも『義経記』などに見られるような活躍の様子はなく、ただ単なる一人の法師として所見するのである。私は、このことから、義経の配下に弁慶という名の僧がいたことだけは認めてよいのではないかと考える。

弁慶の出自については、熊野水軍を率いた別当湛増《たんぞう》の子だという伝説が流布しているが、これも無下には否定できない。『源平盛衰記』巻三十六に、義経の郎等として亀井六郎重清なる者が登場するが、この人物は『吾妻鏡』（文治元年五月七日条）にもあらわれて、熊野王子の社家の出身であることが明らかだからである。

義経と熊野との因縁は深いものがあった。義経の叔父で、平家打倒を命じた以仁王の令旨を諸国の源氏に伝達する役をつとめた源行家は、平治の乱の後、熊野新宮にいて新宮十郎と称していた。また、平泉藤原氏が滅亡した際、泰衡の後見であった熊野別当なる者が頼朝軍に捕らえられており、義経と熊野との関係は、平泉においても再生産されていた形跡が見えるのである。弁慶を熊野別当家の出自とする伝承が形成される背景は、このようなところにあったものと思われる。

ところで、右に挙げた『源平盛衰記』もその一本であるが、『平家物語』には多くの諸本が伝えられている。これを大きく二系統に分けると、琵琶法師が語るための諸本と読むための諸本があり、一般に前者を「語り物系」、後者を「読み本系」と呼んでいる。それぞれの本の成立に関しては様々な議論があるのだが、諸本のうちで全体としてもっとも古態を伝えているのが読み本系の延慶本《えんぎょうぼん》であるという点については、おおむね共通理解が得られている。つまり、史料としての価値も高いというわけである。

その『延慶本平家物語』（第六末）は、弁慶について「旧山《ふる》法師にて荒強者なりければ」と記している。つまり弁慶は比叡山の悪僧（僧兵）の出身だというのである。これもやはり義経が頼朝と対立した時に比叡山の悪僧たちに支持されたという事実がベースになっているものと思われる。

義経が逃亡生活をしている過程では、比叡山に限らず、興福寺《こうふくじ》・鞍馬寺《くらまでら》や仁和寺の関係者の庇護を受けたことが明らかであり、そういう寺々を活動の場にした悪僧たちの活躍が実在の「弁慶法師」に仮託され、それが増幅されて架空の存在としての英雄弁慶の姿が造形されていったのではないだろうか。

伊勢義盛と「伊勢者」

伊勢三郎義盛は義経の第一の郎等として知られている。彼の名は、『吾妻鏡』よりもはるかに史料としての価値の高い、右大臣九条兼実の日記『玉葉』の文治二年（一一八六）七月二十五日条に「九郎義行《よしゆき》の郎従、伊勢三郎丸梟首《きょうしゅ》しおわんぬと云々」とあることから、その実在は動かない。

ここに見える「九郎義行」というのは義経のことである。義経は逃亡生活をしている過程で、本人の知らないところで名前を二度変えられている。一度目は「義行」で、これは九条兼実の息子の良経《よしつね》と名の訓《よ》みが同じだったからで、摂関家の子弟の名が謀叛人と同じ訓みでは不都合だったからである。ところが、義行という名前では「行」という字があって、逃げて行ってしまうというわけで、今度は見つかりやすい名前がよいだろうと、「顕（あらわれる）」という文字をつけて「義顕《よしあき》」にしたのである。

さて、伊勢三郎の名は、九条兼実の弟の慈円《じえん》の著書『愚管抄』にも「伊勢三郎ト云ケル郎等」と見えていて、義経の郎等であったことが明らかである。彼の出自・素性について『義経記』などでは東国の上野《こうずけ》のあたりにいたということになっているが、『延慶本平家物語』

には「盗《ぬすみ》ヲシテ妻子ヲ養ケル」とあり、語り物系の覚一本《かくいちぼん》では「伊勢の鈴鹿山《すずかやま》にてやまだち（山賊）して、妻子をもやしなひ」と見える。

やはり、室町時代に成立した『義経記』よりは『平家物語』の方が事実を伝えていると思われ、彼は伊勢出身と見るべきだと思う。『源平盛衰記』にも都落ちした義経と別れて故郷の伊勢に帰り、鈴鹿山に逃れたという記事がある。

このように『平家物語』などによると、義盛の出身は盗賊のような訳の分からない存在ということになるのだが、『吾妻鏡』（文治元年四月二十六日条）にはこれと齟齬《そご》するような記事が見える。それは、壇ノ浦の合戦で生け捕りになった平宗盛・清宗《きよむね》父子が都に連行されてきた際、この伊勢三郎が黒糸威《くろいとおどし》の鎧を着けた土肥《どひ》次郎実平《さねひら》とともに肩白赤威《かたしろあかおどし》の鎧を身にまとって、それぞれ車の前後の護衛にあたるという役割を果たしているというものである。つまり、この行列というのは、源氏が平家に勝利を収めたことを誇示する凱旋《がいせん》の意味を持つ重要なイベントなのだが、その時に土肥次郎実平と同じ役割を義盛がつとめているのである。

土肥実平は相模国の有力武士団中村氏の一族（中村宗平の子）で、当時、備前《びぜん》・備中《びっちゅう》・備後《びんご》の惣追捕使《そうついぶし》という、後でいえば守護の職に任じていた。義盛はこれと対等の立場で行列に加わっていたのである。また『吾妻鏡』の別の条（文治元年五月十七日条）には、義盛が左馬頭一条能保の侍で都の武者として名の知られた後藤新兵衛尉基清《もときよ》と対等な立場で所見しており、こうなると、彼が盗賊出身の得体の知れない存在とはとても思えない。

当時の社会身分としては、「侍」の下に「凡下《ぼんげ》」という庶民に近い階層があったが、伊勢三郎はその凡下ではなく、侍層に属するれっきとした武士だったのではなかろうか。伊勢三郎の「伊勢」というのも、伊勢を住国とする「三郎」と捉えることも可能だけれども、当時の武士や貴族の一般的な名乗り方からすると、義盛の父か、あるいはその何代か前の人物が伊勢守とか伊勢権守だったので、その子または子孫の「三郎」ということで伊勢三郎と呼ばれていたということも考えられる。たとえば、義経の婿の伊豆有綱は摂津源氏の出であるが、父の仲綱（源頼政の子）が伊豆守だったので、「伊豆右衛門尉」と呼ばれていた。義盛もそれと同じように、一時義経に協力した平信兼《のぶかね》のように、あるいは伊勢平氏とか伊賀平氏の一族だったのではないかということも想像できるのである。

ただ、盗賊を業《なりわい》としていたという点については、最近の職能論的な武士論によれば、そもそも武士というのは強盗のような側面を持った存在だということが指摘されているので、そういう捉え方からすれば、義盛が「やまだち」を業としていても別におかしくはないということになる。そう考えても、伊勢三郎は単なる地方の盗賊といった存在ではなかったというわけである。

この義盛の出身に関する問題は、平泉下向以前の義経の生活環境の評価とも連動してくるのではないかと思われる。有名な「腰越状」の中で、母の懐中《かいちゅう》に抱かれ、大和国宇多郡龍門牧《りゅうもんのまき》に赴きて以来、一日片時も安堵の思いに住《じゅう》せず、甲斐なきの命ばかりをながらうといえども、京都の経廻難治《けいかいなんじ》の間、諸国に流れ行かしめ、身を在々所々に隠し、辺土遠国をすみかとなして、土民百姓等に服仕《ぶくじ》せらる

と義経は自分の生い立ちについて語っているが、ここに書かれているような状況と対応させると、「やまだち」の伊勢三郎と義経の劇的な邂逅《かいこう》も想定してよいかもしれない。しかし、私は「腰越状」そのものに疑いを持っている。

「腰越状」は『吾妻鏡』のほか、長門本《ながとぼん》など『平家物語』の読み本系の中にも収められているが、その宛所は「因幡前司殿《いなばぜんじどの》」になっている。頼朝の側近で因幡前司といえば中原（大江）広元に違いないが、このとき広元は因幡守の現任だったので、「前司」というのは誤りなのである。それから「京都の経廻難治の間」というフレーズも問題になる。「経廻」というのは生活の意味とされるが、私はそれが「難治」になる可能性は義経にはあまりなかったのではないかと考える。常盤御前の生んだ義経の兄たちは、醍醐寺に入ったり八条宮円恵法親王に仕えて自由に生き、生活に困窮した形跡もない。これは義経も同様だったはずであり、「腰越状」の内容そのものを疑わざるをえないのである。

それでは、伊勢三郎と義経の出会いはいつ、どこであったのか。

私は義盛について、伊勢国の住人で、寿永二年（一一八三）、義経が頼朝の代官として伊

勢に進駐した際に、彼に服属したものと考えている。

義経は木曽義仲や平家との合戦に携わる前、寿永二年の十一月頃、大江広元の兄にあたる中原親能《ちかよし》とともにわずかな軍勢を率いて伊勢にあった。これは、この年の十月に頼朝が東海道・東山道の沙汰権（支配権）を朝廷から認められたため、その実現をはかるのが目的であった。しかし、それは名目にすぎず、『玉葉』（寿永二年十一月七日・十二月一日条）によると、義経は五、六百騎程度の軍勢を率いて伊勢と近江の間を往復し、木曽義仲の動静や平家の軍備を偵察していたという。

『玉葉』はまた、翌元暦元年（一一八四）二月の摂津一《いち》ノ谷《たに》の合戦の際、義経が多くの「伊勢者」を連れていたことを伝えている。おそらく義経にとって、京都に進攻する地ならしのため、伊勢のあたりを経廻していた時期というのは、その後の動きを規定する重要な意味を持ったのではないだろうか。そして、この時期に伊勢平氏・伊賀平氏の出身の可能性がある伊勢三郎という武士が義経のもとに服属するようになったのではないかと、私は想像するのである。

堀景光と藤原範季の存在

堀弥太郎景光は『義経記』などでは「金売り吉次」の後身だということになっているが、とてもそれを裏付ける史料は得られない。しかし、彼の実在については『吾妻鏡』や『玉葉』から容易に確認することができる。ただし、その素性については明らかでなく、頼朝の挙兵に参加した伊豆の武士の中に堀氏が見えるが、これとは別系統のようで、太田亮氏の大著『姓氏家系大辞典』(角川書店、一九六三年)においても不明とされている。

堀景光は、前述のように義経の西海脱出に同行したが、その後義経と別れて都に潜伏した。しかし、文治二年(一一八六)九月に至って鎌倉方に逮捕され、義経が奈良興福寺の聖《しょう》弘得業《こうとくごう》に匿われていることなど、多くのことを白状している。

これによって義経の背後にあった人脈がかなり明らかになるのだが、その中で特に注目されるのが、景光が藤原範季という貴族と義経との間の連絡にあたっていたという事実である。なぜならば、この藤原範季は安元《あんげん》二年(一一七六)正月に陸奥守になり、さらに同じ年の三月に鎮守府将軍を兼任し、任地に下ったことも明らかな人物で、当時平泉にいた義経と旧知の間柄であった可能性がきわめて高いからである。

範季は、当時右大臣だった九条兼実の家司をつとめるとともに、後白河院にも祗候《しこう》しており、また、その妻は平教盛の娘で、平家とも深い関係を持っていた。したがって、平泉政権と義経の関係、あるいは、藤原秀衡がなぜ頼朝と対立して諸国を逃亡していた義経を平泉に迎え入れたのかということを考える場合に、彼はキーパーソンになるのではないかと思われる。そのうえこの範季という人物は、義経と一緒に平家追討に活躍した異母兄蒲《かばの》冠者《かじゃ》範頼の養育者でもあった。範頼の名前の一字の「範」は、範季から与えられたものなのである。

平泉政権が崩壊してから十年以上経過した建仁元年（一二〇一）の正月、越後国を本拠とした城長茂《じょうながもち》が幕府に謀叛を起こすという事件が発生する。このとき、藤原泰衡の弟にあたる高衡《たかひら》（通称は本吉冠者《もとよしのかじゃ》）が、京都にいた幕府の有力御家人小山朝政《おやまともまさ》の屋敷を襲撃して失敗し、追討の対象になるが、範季はこの高衡に保護を加えている。そのように、この範季という人物は義経や平泉藤原氏と、とても縁の深い人物なのである。

この範季に限らず、平泉藤原氏やその周辺の人々と陸奥守の経歴を有する貴族たちとの関係には大いに検討の余地が認められるのだが、範季はその中でもとりわけ重要な存在であった。

継父の縁者と「金売り吉次」

平家全盛の頃、義経が平泉に下った事情について、初めて学問的な検討を加えたのが角田文衞氏である。角田氏は、平治の乱の後に義経の継父となった大蔵卿一条（藤原）長成が、当時平泉にいて秀衡の岳父として平泉政権の政治顧問的立場にあった陸奥守兼鎮守府将軍の経歴を有する前民部少輔藤原基成の父忠隆と従兄弟であった事実に着目して、義経の奥州下りが長成の基成に対する懇請と秀衡の了解によって行われたという説を提起された(1)のである。

系図に拠っているだけで、見方によってはほとんど他人同士のような関係を前提にした説であることから、そんな理由では納得できないという意見も多い。しかし、文治五年（一一八九）に、義経が基成の居館である衣河館《ころもがわのたち》で討たれていることを想起すると、この説の持つ蓋然性《がいぜんせい》は高いと私は考えている。

また、広く巷間に流布している金売り吉次の話も一概に伝説として片付けられるようなものではなく、五味文彦氏の研究(2)によって、当時、京都と奥州の間をさかんに往き来していた摂関家や院の御厩《みまや》の舎人の活動がモデルになって形作られたものであると考えられている。

江戸時代的な発想からすると、商人と武士は職業身分としてまったく異なることになるが、中世前期においては、その境界は曖昧であって、御厩舎人は武士的な側面を持つとともに商業活動も行っていたのである。

この時代の商人はすでに日本列島全体を活動の舞台にしており、奥州で手に入れた砂金を九州の大宰府・博多まで運送して、宋の商人と貿易を行っていた。御厩舎人は、こうした遠隔地取引の担い手であり、これが吉次の伝説を生むベースになったと考えられているのである。

したがって、義経の奥州下りについては、そのバックグラウンドとして金売り吉次の伝説も重要であり、より直接的な契機としては、角田文衞氏の説が妥当性を持つということになると思う。

佐藤兄弟の奉仕

平泉下向後の義経の生活は、かなり恵まれた環境にあったようである。このことは、治承四年（一一八〇）十月、後述するように、彼がかなりの軍勢をもって兄頼朝のもとに参向したことや、その段階で、すでに娘がいたことからうかがうことができる。義経のイメージは少年に近い青年であり、しかも静御前の存在もあって、まさか子持ちとは思われないが、実は彼には頼朝参向以前から子供がいて、その子供は、義経が平家と戦っている頃には婿までとっているのである。その婿というのは先ほど触れた伊豆有綱で、源頼政の孫にあたる。

それでは、その義経の平泉における妻は誰の娘だったのか。それは史料的には不明とせざるをえないのだが、あえて想像を加えると、私にはそこで佐藤継信・忠信兄弟の存在が想起されるのである。この兄弟の義経に対する奉仕ぶりは尋常ではないが、そのことは確実な史料からもうかがい知ることができる。

当時の主従関係は武士間に見られるドライで契約的なものと、家に包摂された下人・所従のように隷属的なものの二つのパターンがあったが、佐藤兄弟は前者の関係にありながら、義経には下人のように仕えている。これは、ちょうど木曽義仲における今井《いまい》兼平《かねひら》・樋口《ひぐち》兼光《かねみつ》兄弟に対比できるものがあるが、義仲と兼平らは乳兄弟であった。義経と佐藤兄弟が乳兄弟であった徴証はなく、その可能性は低い。となると、それ以外の関係、たとえば、義経の妻が佐藤氏の出であったということが考えられるのである。

信夫佐藤氏・平泉藤原氏関係系図

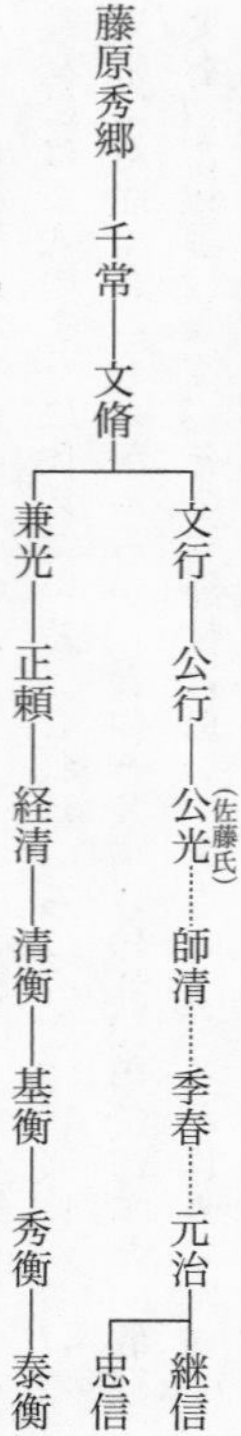

当時の地方武士は、貴種である源氏・平家などの子弟を婿に迎えて自家の発展に結びつけようとすることをしばしば行っていた。したがって、もしこの推定が正しければ、奥州の佐藤氏は義経にとって非常に大きな支持勢力であったということになるのである。

この佐藤氏というのはどういう存在だったのだろうか。

奥州信夫郡司（湯庄司）佐藤氏は平泉藤原氏と同じく秀郷流藤原氏を出自とする。ただ、佐藤氏の方が奥州に下向した時期が遅く、十二世紀の前半の頃のことであったようだ。秀郷流藤原氏というのは、いうまでもなく、平将門の乱を鎮圧したことで有名な藤原秀郷に発し、秀郷の孫の文脩《ふみなが》、その子兼光《かねみつ》らが代々鎮守府将軍に任じられたことが知られている。平泉藤原氏の系譜については諸説あるが、高橋富雄氏が指摘するように、この兼光の子孫として位置づけるのが正しいように思われる。(3)

一方の佐藤氏は、兼光の甥にあたる佐渡守公行《きみゆき》から出ている。佐藤というのは「佐渡守藤原公行」の「佐」と「藤」が結合して創出された呼称だと私は考えている。同じように、近藤は近江の「近」、遠藤は遠江の「遠」と藤原の「藤」が結びついたもので、これらは、名字（苗字）というよりも、一族が大きく広がった藤原氏の系統を区別するために用いられた二次的な氏と考えるべきものである。

さて、その公行の子孫に師清《もろきよ》という人がいて、この人が奥州佐藤氏の直接の先祖にあたるようである。奥州佐藤氏の系譜についても諸説があるのだが、師清はどの系図にも所見しており、また彼の存在は『除目大成抄《じもくたいせいしょう》』という確実な史料からも確認できるのである。これによると、師清は元永二年（一一一九）正月、出羽権守に任じられている。

「権守」という官職は、おそらく当時は実体がないものであったと思われるので、国司として出羽に下ったことがきっかけで東北地方と関係を持ったということではなく、陸奥国信夫庄（福島市）の荘園領主は不明なのだが、おそらく現地を管理する荘官として京都から奥州に派遣されてそのまま土着したのではないかと考えられる。

そして、それは平泉の藤原氏の支援によって行われたのではなかろうか。すなわち、代々摂関家と関係が深い佐藤氏の中央権力との交渉機能への期待に加えて秀郷流という同族意識も手伝ったのではなかろうか。それは平泉藤原氏の基盤が築かれた清衡・基衡の時代に相当する。かくして、佐藤氏は平泉藤原氏に服属しながら、南奥州の有力豪族に成長していったのであろう。

なお、南奥州にはこの佐藤氏のほかに岩城《いわき》・岩崎《いわさき》氏などの海道平氏と呼ばれる武士団や大和源氏の血を引く石川《いしかわ》氏など有力な勢力があり、平泉藤原氏がこれらとどのような関係を結んでいたのかということは、非常に興味のある問題である。

さて、この師清の子供か孫かに比定されるのが、信夫郡司で大庄司とも称された季春《すえはる》という人物である。鎌倉時代の説話集『十訓抄』などによると、保延《ほうえん》年間頃（一一三五～四一）、陸奥守藤原師綱《もろつな》が陸奥国の公田の検注を強行しようとした時、季春は平泉の基衡の命令に従って国司の入部を拒否して合戦に及んだが、最終的にはその責任を一身に受けて斬刑に処せられたという。年代から考えると、継信・忠信兄弟はこの季春の孫か曽孫ぐらいに当たるのであろう。

そのようなわけで、佐藤氏というのは奥州の在地勢力の中でも比較的土着した時期が遅い存在であった。また、都との関係も深く家格も高い。そして、郡司とか庄司という公的な権力を担い、相当な実力を有していた。一族の中には「白河」を名字としている人物もあったから、その勢力は信夫・白河郡（いずれも福島県）にまたがる規模ということになり、軍事力も相当大きいものがあったと考えられるのである。

ちなみに、兄頼朝が平家打倒の兵を挙げたことを知った義経が頼朝の陣に参向するに際して、佐藤継信・忠信兄弟が付き従ったことはよく知られている。そして頼朝のもとを訪れた義経一行のイメージというのは、総勢数人程度で、頼朝の家人たちから得体の知れない訪問者としてぞんざいな扱いを受けたといったものではないだろうか。しかし、義経が頼朝の軍に参向した時に、数人しか引き連れてこなかったなどということはありえないことなのである。

なぜならば、義経の郎等である佐藤兄弟は、奥州の大武士団の長の子弟であり、佐藤氏の軍事動員力は、その所領規模から察して五百騎を下らなかったと考えられるからである。文治二年（一一八六）九月、佐藤忠信が京都で討たれた時、彼の郎従二人が一緒に自殺したということが『吾妻鏡』に見えるが、そもそも継信・忠信兄弟自身が大勢の郎等を率いるような存在だったのである。

余談に及ぶけれども、忠信が鎌倉方に発見されたのは、愛人に裏切られて密告されたからで、なかなか余裕のある逃亡生活だったらしい。いずれにせよ、佐藤兄弟は地方の武士の中ではかなり格の高い存在だったのである。

文治元年、佐藤忠信は兵衛尉に任官している。これを知った頼朝は、平泉藤原氏の家人の分際でそんなに高い地位につくのは身のほど知らずだという罵言《ばげん》を浴びせているが、それはあくまでも頼朝の主観にすぎないのである。

さて、それでは義経が頼朝のところにやってきた時にどのくらいの兵力を引率してきたであろうか。『平家物語』の一異本である『源平闘諍録』には「二十騎計《ばかり》」と見え、『平治物語』の古態本には、なんと「其勢八百騎ばかり」と記す。当時の東国の有力武士団の一つ千葉氏が頼朝に参向した際の動員兵力が三百余騎であったことを踏まえると、どちらが正しいかというより、八百騎は多すぎるが、二十騎では少なすぎるというところではないだろうか。そして、この軍勢が木曽義仲や平家追討における義経の軍団の中核を構成していたものと見てよい。そのように考えると義経の評価は、今までの認識とはだいぶ違うものになるであろう。

義経に従った坂東武士たち

義経を支えた勢力としてどうしても考えなければならないのが、坂東武士団のなかで鎌倉政権の成立の過程で疎外された存在である。

しばしば、坂東の武士たちはもともとすべてが源氏の譜代の家人で、平家には大きな不満を持っていたので、頼朝が挙兵すると喜び勇んで味方になり、鎌倉に彼らの政権を樹立したというような説明が行われるが、それは鎌倉幕府確立後の勝者の史観に基づく歪《ゆが》められた見方である。実は十二世紀末の東国では武士の一族の間における血なまぐさい抗争が常態として存在しており、頼朝への参向と敵対はその反映として捉えた方が正確なのである。坂東武士がみな喜んで頼朝を押し立てたわけではない。それほど明確な見通しがあって頼朝に味方したわけでもない。まして頼朝が昔の主人の息子だからなどという、そんな忠孝思想に染まってしまった近世の武士のような発想は微塵《みじん》もない。

『吾妻鏡』には、相模の三浦義明が源氏の再興に自分の命を捧げて子孫の勲功にするのだと述べたり、下総の千葉常胤が頼朝の挙兵を知って感涙に咽《むせ》んだという話が載せられているが、それは後世のフィクションか誇張と考えるのが妥当な史料解釈であろう。

当時の主従関係というのは、近世のようにウエットなものではなく、特別な場合を除いては契約的な関係というべきものであった。だから、かつては源氏の家人であっても、平治の乱で義朝が滅びれば、今度は平家の家人になって当然だったのである。当時の武士社会において所領は分割相続され、家督・惣領の地位は器量（能力）次第であった。したがって、一族間の対立は世代を超えて継続し、一方が平家と関係を深めて勢力を高めれば、その対極になんとかして状況打開をはかろうと目論む者もあった。一族以外の近隣諸勢力との競合も同じパターンで捉えられるであろう。

石橋山《いしばしやま》の合戦に敗れて房総半島に上陸した頼朝に、いち早く参向の意思を示した千葉氏などは、その最たるものであった。平家ときわめて密接な関係にある近隣の勢力に非常に強い圧力をかけられているので、頼朝の挙兵を事態打開の千載一遇のチャンスと捉え、一か八《ばち》かの賭けに出たという側面が濃厚なのである。

そのため、鎌倉政権が成立すると、今度はこれに敵対した、つまり平家側に立った勢力は非常に不利な状況に置かれることになった。処刑されたり、よくても領地を没収された。義経が頼朝と対立すると、そういう勢力が義経につく動きが生じたのである。

その代表的な例として挙げられるのが、下総国三崎庄を本拠とした片岡常春・為春《ためはる》ではないかと私は考えている。『延慶本平家物語』には、壇ノ浦合戦のとき、「常陸国住人片岡太郎常春」が、海中から浮かび上がった神璽《しんじ》を拾い上げるという手柄をたてたことや、義経が四国へ渡ろうとしたときの軍中に「片岡八郎為春」の名が所見する。一方、『吾妻鏡』には、文治元年（一一八五）十月二十八日条に「片岡八郎常春」、十一月三日条に「片岡八郎弘経」、養和元年（一一八一）三月二十七日条と文治五年（一一八九）三月十日条に「片岡次郎常春」というように、常春と為春は名前や通称が不統一な形で散見している。これらを整理すると、次郎ないし太郎を称した常春と、弘経という別名を持つ八郎為春の兄弟の存在が想定されるのである。

片岡氏は千葉氏と同様、十一世紀の前半に房総半島一帯で反乱を起こした平忠常の子孫である「両総平氏」を出自とする武家で、常陸国鹿島郡片岡を名字の地とするが、その本領は下総国三崎庄であった。この荘園は摂関家領で、現在の千葉県銚子市・旭市周辺に相当する。ここは「香取海」と呼ばれた常総内海の出入口に位置し、海上潟《うなかみがた》と呼ばれる港津《こうしん》があって、外洋を経て遠く摂津の大物浦と海の道で結ばれていた。そして、同時に坂東と陸奥を結ぶ海上交通の結節点としての機能も有していたのであった。

先にも述べたように、熊野と義経との関わりは深かったが、おそらく義経にとって、海のルートは非常に大きなバックボーンになっていたのではないかと思われる。その意味からも、この片岡氏が海上潟の支配者であったということは注意されるべきであろう。

頼朝挙兵後の片岡氏の政治的な動きについては『吾妻鏡』に手がかりとなる記事が散見するが、これを見ると、まさに鎌倉政権樹立の過程で疎外された存在という評価を与えることができるのである。

片岡氏は佐竹氏の姻戚であった。佐竹氏は常陸国の奥七郡を支配下におさめていた有力な源氏の一族であったが、平家との関係が深く、頼朝と対立して追討されることになる。『延慶本平家物語』には、佐竹四郎隆義が平家から常陸介に任命されたという記事が見える。平家は佐竹氏に公権を与えて頼朝を討たせようとしたのである。片岡氏はその佐竹氏の縁者として、頼朝が政権を確立していく過程で立場を悪化させていったのであろう。片岡氏が義経に接近していったのは、おそらくそういうことが契機になっていたものと思われるのである。

『吾妻鏡』（文治元年六月十三日条）は、平宗盛・清宗父子を護送してきた義経が鎌倉に入ることを頼朝から拒まれて帰京するにあたって、「関東において頼朝に怨《うら》みをなす輩《ともがら》は自分に従え」という言葉を吐いたと伝えているが、片岡氏のように決起するには至らなくても、義経に期待し、与同しそうな武士は坂東にも数多く存在したのであり、それが頼朝に義経を恐れさせる大きな背景になっていたと考えられるのである。

元暦元年（一一八四）八月六日、義経は検非違使尉（判官）に任官し、翌月三日従五位下に叙されて「大夫判官」と呼ばれるようになった。この段階で義経は、名実ともに京都における軍事・警察を管掌する地位を確立したわけで、これを契機として義経と主従関係を結んだ人物も相当いたようである。

『大夫尉《たいふのじょう》 義経《よしつね》畏申記《かしこみもうしき》』は、従来あまり注目されることのなかった史料だが、義経が検非違使に任命されたあと、「畏み申し」、つまりそのお礼に院のもとに挨拶に行った時の記録である。その儀式の際に、「御共衛府《おとものえふ》」として義経に付き従ったのは、左衛門尉藤原時成《ときなり》・左衛門尉藤原康言《やすとき》・左兵衛尉平義行《よしゆき》（土屋《つちや》兵衛）・左兵衛尉平重保《しげやす》（師岡《もろおか》兵衛）・左兵衛尉藤原弘綱《ひろつな》（源八《げんぱち》兵衛）・左馬允平重資《しげすけ》（渋谷馬允）らであった。

藤原時成は院の北面の武士で、『吾妻鏡』文治元年十二月六日条に源行家・義経に同意した「殊に結構の衆六人」のうちにその名を挙げられている。また藤原弘綱は『吾妻鏡』（同年四月四日条）には源姓であらわれ、壇ノ浦合戦ののち、義経の使者として「負傷・戦死・生虜者」のリストを後白河院に伝えたことが知られる。以上の武士たちは、もともと中央の武官であったと思われるが、土屋義行（義清《よしきよ》）と渋谷重資（重助）は相模、師岡重保は武蔵国諸岡保《もろおかほ》（横浜市港北区）を本貫地とする東国武士で、重資については、平家に属して在京していたが、その後、木曽義仲、次いで義経と、次々に主君を乗り換えたことが知られている。

義経は京都で院御厩司《いんのみまやのつかさ》という後白河院の親衛隊長のような職務にもついており、こうした仕事を遂行していく過程で多くの在京の武士たちとも関係を持っていったのであろう。

『平家物語』で有名な滝口入道時頼《たきぐちにゅうどうときより》は越前《えちぜん》斎藤氏の一族出身だが、その一族で院の近習だった藤原友実《ともざね》という武士も義経入京後に家人になっており、文治元年十一月、同じく義経の家人だった庄四郎《しょうのしろう》に謀殺されている。

義経が京都の貴族たちから大変人気があったことはよく知られているが、こういう事実を集めてみると、在京の武士たちからも随分人望があったように思われるのである。

ところで、『大夫尉義経畏申記』に見える師岡兵衛平重保は、『吾妻鏡』には「重経《しげつね》」という名前で登場する。平家政権の時代に秩父平氏の家督として武蔵国留守所惣検校職《むさしのくにるすどころそうけんぎょうしき》という地位につき、国内の軍事統率権を有した河越重頼《かわごえしげより》は、この重経の兄弟にあたる。重頼は頼朝挙兵の際、これに応じた三浦氏を衣笠城《きぬがさ》（神奈川県横須賀市）に攻めるなど、当初は平家方に立ったために、一時立場を悪くした時期もあったが、妻が頼朝の乳母《めのと》だった比企局《ひきのつぼね》の娘であったことなどから復権を果たし、元暦元年、その娘は頼朝の仲介で義経の正室に迎えられている。九月十四日、京都に向かった一行には重頼の家子《いえのこ》二人と郎従三十余輩が従っている。

ちなみに、頼朝の弟範頼の妻も比企局の娘と安達盛長の間に生まれた女性であった。平泉で義経とともに死んだ妻というのは、この河越氏を実家とする女性で、二人の間に生まれた四歳の娘も運命をともにしている。

義経と頼朝が不和になると、義経の姻戚となった河越氏も再び頼朝から危険視されるようになり、文治三年（一一八七）以前、重頼と子の重房《しげふさ》は頼朝によって誅殺《ちゅうさつ》されてしまう。

師岡重経（重保）も重頼の兄弟すなわち義経正室の縁者として義経との関係を深め、河越氏と運命をともにしたものと思われる。

ところで、この師岡重経の所領は武蔵国師岡保だが、ここには鶴見川《つるみがわ》の河口に位置する神奈川湊《かながわみなと》という良港があり、師岡氏もまた河川や海を活動の場とする武士であったことが想定される。それにしても、義経の支援者には海と関係を持つものが実に多い。

源頼政のネットワーク

以上、義経の郎等を中心に述べてきたが、ほかにも、母常盤御前《ときわごぜん》の再婚相手である一条長成《ながなり》、その子（異父弟）で義経の都落ちに際して行動をともにした良成《よしなり》（能成）、さらに、前述したように一条長成の縁者で平泉にいた藤原基成《もとなり》、平泉で生まれた義経の娘と結婚した伊豆有綱《ありつな》らも義経の支援者として、それぞれ重要な役割を果たしている。

そのうち、ここで注目したいのは、以仁王とともに平家打倒の兵を挙げて全国的内乱の火つけ役となった源三位《げんざんみ》頼政の孫にあたる伊豆有綱が義経の婿になっていることである。

山本幸司氏は、源頼政が平家討滅の実現のためにきわめて周到な計画を立てていたという推測を示している。(4) この意見を踏まえ、以仁王挙兵後、関東に住み、清盛の命令を受けた大庭景親《おおばかげちか》に追討されて奥州に逃れた有綱＝「仲綱息」（『玉葉』治承四年九月十一日条）が義経の婿になったことを考え合わせると、頼政は挙兵以前から平泉の義経と連絡をとっていたことが想像されるのである。

頼政の作り上げた人的なネットワークはなかなか見事なものがある。たとえば、木曽義仲の兄の仲家《なかいえ》は頼政の養子になっており、このことから義仲も頼政の挙兵を事前に承知していた可能性がある。山本氏は、頼政が吉野や熊野の僧兵たちと連絡をとっていた事実を指摘しておられるが、これらの勢力が後に義経の支援者となっているのである。

想像の域を出るものではないが、頼政と義経の連絡という点については、今後大いに検討の余地があるように思われる。

義経の正室（河越重頼の娘）については先に述べたが、静御前については、周知に属することでもあるので、ここで触れることはしない。しかし、彼女はプライドの高い当時ナンバーワンの白拍子であり、こういう自立した女性に慕われた義経には、男たる者、羨望を禁じえないであろう。

また、義経の妻としては、平家一門の有力者でありながら壇ノ浦合戦後も生きのこった平時忠の娘もおり、彼女の兄弟の時実も義経の都落ちに同行している。

最後に、今日、義経の名がこれほど人口に膾炙《かいしゃ》することになった功労者として、義経の右《ゆう》筆《ひっ》（書記役）だった中原信康《のぶやす》の名を挙げておきたい。この人が書き記した合戦日記が『平家物語』に取り入れられたことによって、義経の活躍が伝えられたということは、五味文彦氏の研究に詳しい。(5)

義経の再評価

頼朝に追われた義経を藤原秀衡がなぜ迎え入れたのかということは、平泉政権の評価に直結する問題として大きな論点になっている。私はこれについて、義経は頼朝に疎外された勢力の結節点となる要素を持っており、戦争の回避をはかったものの、最終的には頼朝との決戦を避けられないと判断した秀衡は、義経を立てることによって、大規模な軍事力の結集が可能となることを計算していたのではなかったかと考えている。

当時の武士の世界では主君を同時に複数持ったり、乗り換えたりすることは普通に行われており、源氏一門の中に頼朝と伍《ご》しうる存在があらわれてもおかしくなかった。場合によっては、木曽義仲のように源氏の一族が独自に多くの地方武士を自身の家人として編成しうる可能性があったのである。

頼朝の政権が樹立された後においても、甲斐源氏一族の安田義定《やすだよしさだ》が榎下重兼《えのしたしげかね》や麻生胤国《あそうたねくに》のような頼朝の縄張りである武蔵国や常陸国の武士を「伴類《ばんるい》」としていた（この点は今野慶信氏の教示による）ように、義経のもとにも鎌倉政権に不満を抱く東国の武士が結集する可能性は十分に認められたのである。

一方、頼朝の意図するところは、源氏一族の血なまぐさい内訌《ないこう》の歴史を踏まえ、そのようなことのない、地方武士に対する一元的な支配権の確立であった。たとえ血を分けた弟であろうとも家人として位置づける。それを儀式などの場で視覚化する。非常に厳しい秩序を構築していく。東国の武士というのは先祖代々源氏嫡流の家人だったのだという、事実に反するイデオロギーを叩き込む。そういう形で頼朝は御家人制というものを作り上げていったのであった。

しかしながら、この頼朝の政策が、その後の日本の社会を息苦しいものにする一つの出発点となった。契約的であった主従関係は片務的になり、奉公ばかりが強制されるようになって、おかしな事大主義がまかり通る社会が生まれた。

現代日本に見られる管理社会の原形は頼朝が作り、家康が拡大再生産したという風に私は思っている。組織優先、男尊女卑、上意下達……等々、今日の社会の有様は江戸時代の武家社会とそんなに変わっていないのではないだろうか。バブル経済崩壊の後、リストラの嵐が吹き荒れるなか、滅私奉公のような馬鹿げたことはやめようという動きがようやく広まってきたけれども、相変わらず日本人は武士が大好きである。そして、その武士というのは、頼朝的・家康的な、肩肘を張った、いかめしくマッチョでファッショな男であり、世の中はこうした男の論理で動いている。しかも歴史好きは武士好きだから女性が少ない。

そういうことを踏まえると、義経は新しい意味で評価される。というのは、彼が日本史上、女性に好かれる数少ない武士の一人だからである。義経は今日の武士好きの男たちから軟弱だと馬鹿にされる京都の貴族たちからも概して評判がよかった。

源義経は十二世紀後半の日本の歴史を語るうえで、鮮やかな彩りを与えてくれるばかりでなく、管理社会から離脱していかなければならない、これからの時代に求められる英雄として再評価されるのではないかと私は思うのである。

注

（1）角田文衞「陸奥守藤原基成」（平安博物館記念論文集編集委員会編『日本古代学論集』古代学協会、一九七九年）
（2）五味文彦「日宋貿易の社会構造」（今井林太郎先生喜寿記念論文集刊行会編『国史学論集』今井林太郎先生喜寿記念論文集刊行会、一九八八年）
（3）高橋富雄『平泉――奥州藤原四代』（教育社、一九七八年）
（4）山本幸司『頼朝の精神史』（講談社、一九九八年）
（5）五味文彦『吾妻鏡の方法』（吉川弘文館、一九九〇年）

終章　征夷大将軍と源氏の血脈

源頼朝の征夷大将軍補任

武家政権の首長が征夷大将軍となった始まりは源頼朝である。『長門本平家物語』（巻十四）や『太平記』（巻十九）などには、それ以前にも平知盛《とももり》（清盛の四男）や木曽義仲がこれに任命されたように述べられているが、知盛の場合は征東大将軍とも伝えられており（『源平盛衰記』巻二十六）、事実とすれば、武蔵国の知行国主を長年つとめ、東国に多くの家人を編成していた知盛に、東国で蜂起した反乱勢力の追討を委ねようという現実的な要請によるものであったのだろう。

木曽義仲の場合は、寿永二年（一一八三）十一月の法住寺合戦で、彼が後白河院から政治権力を奪取したことによって得たもので、これも当時右大臣だった九条兼実の日記『玉葉』元暦元年（一一八四）正月十五日条に「征東大将軍」と見え、これまた鎌倉にあった頼朝の討伐を目的とした、実に現実的要求に基づくものであった。

これに対して、頼朝の場合は、全国的内乱が平定されたのち、単に「大将軍」への任官を求めた結果、朝廷側の選択のもとに与えられたものだったのである。(1)

征夷大将軍というのは、本来臨戦態勢下の官で、軍勢の召集などに際して天皇の裁可を仰がなくてよい。したがって、京都の王朝権力から相対的に独立する形で鎌倉に政権を開いた頼朝にとって、実にふさわしい都合のよい官職なのである。また、それまで、武士にとって、東国における最高の軍事的実力者たる地位を表象するものとされてきた鎮守府将軍を上回るステイタスを示すこともできた。

征夷大将軍の「征夷」とは、まさに日本国や王権に仇《あだ》をなす「夷」《えびす》（外敵）を討ち果たすという意味である。鎌倉幕府の機能は国家守護にあったから、その首長の交替のたびに、この征夷大将軍の官職も朝廷から与えられることになったのである。

頼朝の死後、この官は頼家、実朝と継承され、あたかも源氏の占有のごとき様相を呈するが、四、五代目の将軍となった頼経《よりつね》・頼嗣《よりつぐ》は藤原氏（九条摂関家出身）であり、さらに六代以降は王家（天皇家）出身の、いわゆる宮将軍（親王将軍）となる。したがって、鎌倉時代に将軍＝源氏という観念は確立していなかった。

御家人社会の源氏賛仰観

しかし、鎌倉幕府の担い手である東国御家人のアイデンティティは、先祖が頼朝に協力して幕府を樹立したというところにあり、先祖が頼朝の下に参向した前提として自らの家が前九年合戦を鎮定した頼義以来の源氏譜代の家人であるという歴史認識を共有していたから、源氏に対する特殊な賛仰感情は強かった。

宝治合戦で三浦一族が敗北を覚悟したとき、彼らは頼朝の墳墓堂（法華堂）に集まり、その肖像画の前で、先祖の武功を語り合ってから自害を遂げた。肥後国野原庄に地頭職を得て移住した、武蔵を本国とする小代氏《しょうだい》（児玉党）は、先祖の行平が頼朝の伊豆山参詣に従った際、頼朝から肩をおさえられて「心やすき者と思うぞ」といわれたことを家の誉れとして代々語り継いだ。――などというように、頼朝との関係や源氏との血統の近さが武家としての正統性の拠り所となっていったのである。

かくして、『関東御成敗式目《かんとうごせいばいしきもく》』に示されるように、鎌倉幕府のイデオロギーそのものの根源が「右大将家（頼朝）の例」に求められなければならなかったのであった。

もともとは御家人の一員でありながら、源氏将軍の途絶ののち、実質的に幕府の主権者となっていった北条氏にとっても頼朝の存在は重要であった。それは、北条氏の権力や正統性がやはり源氏との関係によって保障されていたからである。

先祖の平直方《なおかた》が十一世紀前半の頃、源頼義を婿に迎えて鎌倉の屋敷を譲り、娘が生んだ義家に伝えたこと、そして、それと同じように時政が頼朝を婿としたこと、さらに、時政の子義時が頼朝の「家子専一《せんいつ》」であったことによって、北条氏は、他の御家人より一段高いステイタスを主張しえたのである。(2)

だから、幕府が危機に瀕《ひん》すると、頼朝のような源氏将軍の再来を待望する空気が北条氏を含む御家人社会に広がっていく。たとえば、元寇《げんこう》に直面した北条時宗は、執権に就任すると、六代将軍宗尊《むねたか》親王の子で七代目の将軍に立てられていた惟康《これやす》の源氏賜姓《しせい》をはかり、実朝以来実に五十一年ぶりの源氏将軍を戴《いただ》くことになる。やがて惟康は頼朝と同じ正二位に叙されている。時宗は頼朝の再来としての惟康を立てることによって自らの正統化をはかり、国難に対処しようとしたのであろう(3)。

また、得宗家《とくそうけ》（北条氏の嫡流）に近い立場の有力御家人安達氏も、初代の藤《とう》九郎盛長《もりなが》が頼朝の乳母子《めのとご》（比企局の長女）を妻として伊豆配流中から頼朝の側近に仕えていた関係から、とりわけ頼朝に対する思い入れの深い存在であった。安達泰盛《やすもり》は弘安《こうあん》八年（一二八五）の霜《しも》月《つき》騒動で多くの一族とともに滅亡するが、『保暦間記《ほうりゃくかんき》』はその原因について、泰盛の子の宗《むね》景《かげ》が曽祖父の景盛《かげもり》（盛長の子）は頼朝の落胤《らくいん》だといって、にわかに源氏を称したことに求めている。実際、泰盛自身も源氏重代の名刀「髭切《ひげきり》」を京都で尋ね出すようなことをしており、安達氏が源氏（頼朝）との親密な関係を主張する形で権力の拡大をはかっていたことは間違いない。このような思想的情況こそが、源氏系の有力御家人足利氏による新たな武家政権樹立の背景にあったのである。

足利将軍家の義家観

足利氏は、東国武士と源氏との関係を確立したかのように偶像化された源頼義の血を受け継いでおり、鎌倉幕府成立期に家督の地位にあった義兼《よしかね》（義家の孫義康《よしやす》の子）は、母の実家が頼朝の母と同じ熱田大宮司家で、妻も頼朝と同じく北条時政の娘であり、以後、代々、北条氏と姻戚関係を結んで三河・上総の守護職を占めるなど、武田・佐竹・新田をはじめとする他の源氏系諸御家人をはるかに上回る地位を築いていたのである。

しかし、鎌倉時代後期の征夷大将軍は、六代宗尊親王以降、王家の子弟が任命されるのが普通であった。したがって、後醍醐《ごだいご》天皇が息子の護良《もりよし》親王をこの地位につけたのは後世の常識から判断すると異様に思えるが、当時の感覚からすれば当然視されたものと思われる。足利尊氏《たかうじ》は自らが擁立した持明院《じみょういん》統の王朝（北朝）から征夷大将軍に任じられたのだが、それを諸国の武士たちが支持したのは、やはり頼朝の再来を期待する彼らの心性があってのことであろう。足利氏の側も、そのあたりのことはよく心得ていたとみえて、自らが征夷大将軍たることの正当性を主張するためのイデオロギーの構築に意を用いている。

建武《けんむ》三年（延元《えんげん》元年・一三三六）二月、京都の合戦に敗れた尊氏は九州に逃走し、ここで再起して同年六月に再入京を果たすが、この過程は『梅松論《ばいしょうろん》』において、あたかも、源頼朝の石橋山での敗北から房総半島での再起、鎌倉入りの過程にオーバーラップする形で叙述されている。実際、尊氏はこの過程で南朝の錦旗《きんき》に対して源氏の白旗を掲げて戦い続けており、ちょうど頼朝が文治五年（一一八九）の奥州合戦で、頼義による前九年合戦を再現して東国武士の源氏への譜代的従属を認識させたのと同様に、自らを源氏の正統、頼朝の後継者

源氏・北条氏関係系図（＊印は征夷大将軍）

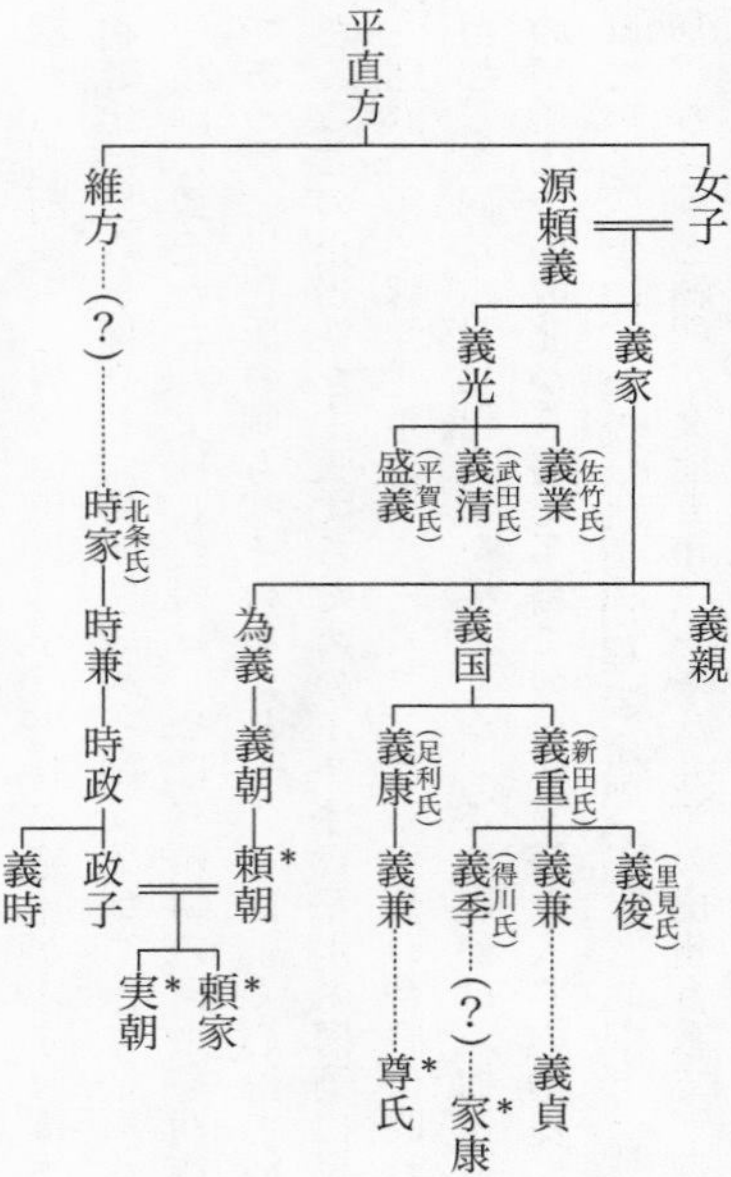

としてアピールしたのである。(4)

こうした足利氏の源氏嫡流工作をよく示すのが、足利氏庶流・今川了俊《いまがわりょうしゅん》の作『難太《なんたい》平記《へいき》』に見える義家と家時《いえとき》の置文《おきぶみ》の話であろう。

足利の家には八幡太郎義家の置文が伝えられていて、そこには七代目の子孫に生まれ変わって天下を取ると記されていたが、その七代目に当たる家時はそれができないので、自分の命に代えて三代のうちに天下を取ることを八幡大菩薩に祈願して切腹したというものである。

ここで注目されるのは、源氏の先祖として、従来の頼義に代わって義家が登場していることで、これは南北朝の動乱の過程で勢力を強めた同じ源氏系の武田氏・佐竹氏らに対抗し、庶流を含めて足利氏の源氏における正統性を主張するためのものと考えられる。なぜならば、武田・佐竹氏は義家の子孫ではなく、その弟の義光（新羅三郎）を祖と仰ぐ家柄だからである。近世武家社会において、義家はまさに神のごとき存在となったが、これは室町幕府足利氏のイデオロギー政策によるところが大きいように思われる。

徳川家康の将軍就任

室町幕府崩壊ののち、征夷大将軍に就任して武家政権としての幕府を再構築したのが徳川家康である。ふつう家康は将軍に就任するために源氏（新田系徳川氏）を称したというように理解されているが、岡野友彦氏は、小田原北条氏滅亡ののち、徳川氏がその旧領である関東に移封《いほう》されたことにその契機を見出している。(5) 首肯すべき見解だと考える。

そもそも小田原北条氏は、室町幕府政所《まんどころ》執事をつとめた伊勢氏の一族の出身であり、関東支配の正統性を示すために鎌倉幕府の執権であった北条氏にちなんで「北条」氏を称したとされる。とするならば、その旧領に入部した家康にとって必要なのは、北条氏以上の正統性を示すことだったはずである。ここで想起されたのが、頼朝であり、また、鎌倉北条氏討滅の立役者たる新田義貞《よしさだ》だったのではないだろうか。

家康が頼朝を敬慕し、『吾妻鏡』を座右の書としたことはよく知られている。征夷大将軍に任じられて関東に幕府を開いたことは、まさしく頼朝の政治の踏襲といえる。一方、家系については前代の将軍足利氏を克服するものが必要であった。『太平記』が武家社会に浸透していた当時の思想情況を踏まえるならば、八幡太郎義家の血統を伝え、足利氏に対抗できる存在は新田義貞の系統以外に見つからない。

また、小田原北条氏亡き後、家康の領国を脅かしうる存在として里見氏《さとみ》があった。里見氏は当時安房一国に押し込められていたとはいえ、かつては房総半島を北上し、下総北部をも勢力下に置いて小田原北条氏に対峙した戦国大名であった。実にこの里見氏こそ、新田系庶流の系譜を引く存在だったのである。したがって、里見氏やかつて里見氏領国に属した勢力を圧伏するうえでも、家康にとって、その系譜を新田氏庶流徳川（得川）氏に結びつけることは得策だったのであろう。

かくして、家康は慶長《けいちょう》八年（一六〇三）、源家康として征夷大将軍に任じられたが、天皇側近の女官による記録『御湯殿上日記《おゆどののうえのにっき》』は、そのときの祝宴における家康を「新田殿」と記すのである。

こうして、征夷大将軍を首長に戴き、東国に本拠を置く幕府が、実に二百七十年ぶりに再建されることとなった。高橋富雄氏は、織田信長《おだのぶなが》・豊臣秀吉はそれぞれ右大臣・関白という公家天下人として天下に臨んだが、それは伝統的な武門の棟梁の首班形式にとらわれない革新性を持ち、「封建のワクを越えて世界に開き、世界史上の絶対王政にはなはだ近い集権体制を実現した」とする一方、家康の将軍就任・江戸幕府開創については、「まことに渋く、武家封建の鉄則に立ちもどろうとしている」と述べ、信長―秀吉―家康と連続的展開を考える通説に疑問を呈し、信長・秀吉と家康の間に断絶のあることを指摘している[6]。源頼朝による鎌倉幕府の樹立は「武士の歴史にとっても、日本の国家史にとっても、まさに巨大な方向転換であった[7]」が、江戸幕府の成立についても、同じような評価がされるべきなのかもしれない。

源氏正統史観のもたらしたもの

源氏こそ征夷大将軍として武家の棟梁・幕府の首長たるべきものという観念は、源頼朝や足利尊氏、あるいは徳川家康らによって高度な政治的意図をもって作り上げられたものであった。頼朝は自己の正統性を頼義に求めるイデオロギーを作り上げ、武家社会に浸透させたから、頼義の末裔《まつえい》であることが武家社会における正統な存在と位置づけられるようになる[8]。

しかし、実朝の後、鎌倉時代の将軍は摂関家か王家の子弟がなるものであったにもかかわらず、足利尊氏が自身の行動を頼朝になぞらえようとしたことからも分かるように、武家の正統は頼朝の後継者であるというイデオロギーが鎌倉時代には確立していたのである。必要なのは源氏ではなく頼朝の後継者であることなのであった。

源氏といっても、頼朝は頼義、足利氏は義家、家康は新田義貞を自らの血統の始祖として位置づけたのだが、足利氏・徳川氏にとって、やはりその権力のアイデンティティが、究極的には「源頼朝」にあったことをあらためて指摘しておきたい。

鎌倉時代の北条氏以下、中世の武家一般も、この源氏との血縁や臣従関係を前提にした序列意識を有していた。源氏を出自とする武家にとっては、頼義の子のうち義家の子孫が嫡流と位置づけられるようになり、それ以外を出自とする武家にとっては、頼義・義家・頼朝に従ってどのような功績をたてたかが、その武家としての正統性を主張するうえで基本的な要件となった。

たとえば、先に述べた肥後国野原庄の地頭小代伊重《これしげ》がのこした置文の話などは、まさしく頼朝を主軸にした武家社会における名誉意識と事大主義のあり方を示す好例といえる。

こうした観念が武家社会を覆い尽くしていれば、当然、自家の先祖を源氏ないしその関係者に結びつけようとするための系譜の偽造・捏造も発生する。徳川氏が「新田殿」になったのはその代表例だが、関ケ原合戦に敗れ、幕藩体制下、外様として雌伏を余儀なくされた薩摩の島津氏も、初代忠久《ただひさ》は頼朝の庶子という徳川氏以上の武家としての正統性を主張する系譜を公式なものとし、これをもって藩体制強化のためのイデオロギーとしていた。また、長《ちょう》州《しゅう》藩の毛利《もうり》氏も、その祖先が頼朝のブレーンで鎌倉幕府初代政所別当となった大江広元であること（これは事実である）を誇示するため、薩摩の島津氏が整備した鎌倉の頼朝の墓所と並ぶような場所（北条義時の法華堂跡の背後の山腹）に、広元とその子で毛利氏の初代となった季光《すえみつ》の墓を造営している。この薩摩と長州の二藩が徳川幕府打倒の中心勢力となったところに、明治維新、日本の近代化の本質の一端を垣間見る《かいまみ》ることができよう。

征夷大将軍・武家の棟梁と関連づけられた源氏正統史観が、中世から近代に至るまでの時代にどのように形成され、定着していったのかを考えることは、いろいろな意味において、今日のわれわれの歴史認識の問題と密接につながっているように思うのである。

注

（1）櫻井陽子「頼朝の征夷大将軍任官をめぐって――『三槐荒涼抜書要』の翻刻と紹介」（『明月記研究』九、二〇〇四年）
（2）野口実「国家と武力――中世における武士・武力」（『歴史評論』五六四、一九九七年）、細川重男・本郷和人「北条得宗家成立試論」（『東京大学史料編纂所研究紀要』一一、二〇〇一年）
（3）細川重男「得宗専制政治の論理――北条時宗政権期を中心に」（『年報三田中世史研究』九、二〇〇二年）
（4）市沢哲「足利尊氏」（『歴史読本』四一―九、一九九六年）
（5）岡野友彦『家康はなぜ江戸を選んだか』（教育出版、一九九九年）
（6）高橋富雄『征夷大将軍』（中央公論社、一九八七年）
（7）髙橋昌明『武士の成立　武士像の創出』（東京大学出版会、一九九九年）
（8）川合康「武家の天皇観」（永原慶二ほか編『講座　前近代の天皇4　統治的諸機能と天皇観』青木書店、一九九五年）

初出一覧

序章　日本中世の幕開けと武門源氏…原本で書き下ろし

第一章　構想する為義――列島ネットワークの構築

略伝…「源為義」（角田文衞監修、古代学協会・古代学研究所編『平安時代史事典』角川書店、一九九四年）を改稿

1　武士の長者と権門の爪牙…「武士の長者と権門の爪牙――義家・為義」（『別冊歴史読本74　源氏　武門の覇者』二〇〇七年）

2　河内源氏の地方進出…「豪族的武士団の成立」（元木泰雄編『日本の時代史7　院政の展開と内乱』吉川弘文館、二〇〇二年）の三「京武者・受領層貴族の地方留住」の一部を改稿

第二章　調停する義朝――坂東の平和と平治の乱

略伝…原本で書き下ろし

1「坂東の平和」と源氏庶流の展開…「豪族的武士団の成立」（元木泰雄編『日本の時代史7　院政の展開と内乱』吉川弘文館、二〇〇二年）の三「京武者・受領層貴族の地方留住」の一部、四「河内源氏庶流の存在形態」、六「武家の棟梁の成立」を接合して改稿

2　平治の乱における義朝…「ドキュメント　平治の乱　その日何が起こったか」（『別冊歴史読本98　源義経の生涯』二〇〇四年）と「源義朝　平治の乱敗走ルート」（『別冊歴史読本37　日本史地図を歩く』二〇〇〇年）を接合して大幅に改稿

3　頼朝以前の鎌倉…「頼朝以前の鎌倉」（『古代文化』四五―九、一九九三年）

第三章　起ち上がる頼朝――軍事権門「鎌倉殿」の誕生
略伝…「源頼朝」（『別冊歴史読本95　図説　日本の英雄100人』一九九八年）
1　伊豆配流…「頼朝の伊豆配流は清盛の失策か」（『歴史群像シリーズ36　平清盛』一九九四年、のちに拙著『武家の棟梁源氏はなぜ滅んだのか』〈新人物往来社、一九九八年〉収録）を大幅に改稿
2　頼朝のイメージと王権…「源頼朝のイメージと王権」（『歴史評論』六四九、二〇〇四年）
3　将軍の六波羅邸…「頼朝の六波羅邸――鎌倉幕府と都市京都」（『京都女子大学　宗教・文化研究所だより』四五、二〇〇七年）

第四章　京を守る義経――院近臣の「英雄」
略伝…「源義経」（『別冊歴史読本95　図説　日本の英雄100人』一九九八年）
1　二度の奥州下向…「源義経の奥州下向」（『紫苑』三、二〇〇五年）
2　義経の支援者たち…「義経を支えた人たち」（上横手雅敬編著『源義経　流浪の勇者――京都・鎌倉・平泉』文英堂、二〇〇四年）

終章　征夷大将軍と源氏の血脈…「検証　征夷大将軍と源氏の血脈」（『歴史読本』四九―六、二〇〇四年）

全体に初出段階の校正漏れを正し、加除訂正を施したり、新たにルビを付したところもある。また、図版は全面的に改めた。なお、「改稿」としていないものについても、引用史料の表記ならびに注記の形態や図版などの変更、あるいは章・節のタイトルや小見出しを改めた部分のあることをお断りしておく。

あとがき

近年の歴史学は、私が大学で歴史を勉強しようと意を決した頃のそれとはだいぶ様相を異にしている。政治史があまり語られることがなく、美術や宗教を通しての精神史的な研究が大きな比重を占めるようになってきたように思われるのである。

大学入学当時、日本史の学界を風靡《ふうび》していたのは、今日では「戦後歴史学」と呼ばれるようになった史的唯物論に基づく歴史学であり、政治史を下部構造の反映として捉えるために社会経済史研究に重点が置かれるものであった。私は、地元の言い伝えや武士への関心から日本史という学問を志したのだが、時流に従えば、「武士」はまず「開発領主」として勉強しなければならなかった。それこそが正しい研究態度であると考えて、難解な著作に挑んで頭を悩ませたことが思い出される。

しかし私には、中世の坂東に割拠した武士たちの出自や各地で発生した戦乱の実態、武士と貴族との具体的な関係など、「戦後歴史学」から見れば些末《さまつ》な問題に対する興味を捨てきれなかった。大学で邂逅《かいこう》した恩師の研究姿勢にも勇気づけられて、私はあくまでも政治史独自の問題を研究のテーマとすることにしたのである。

前世紀の終わりが近づいた頃、社会変革を希求した時代が去り、環境破壊や精神的荒廃現象への危機感が人々の心を捉えるようになると、歴史学の世界では、ある時代を静態的に観察する社会史や、そこに生きた人々の内面を照射しようとする心性史に関心が向けられるようになった。冒頭に述べたような状況はその反映であろう。しかしながら、それらの研究方法は、厳密な実証を旨とするかつての歴史学とは趣を異にするもののように思われる。

私の研究を振り返ると、その多くは個別武士団の成立と展開に関する基礎的な事実を解明する作業、あるいは武士勢力の抗争史として評価される程度のものでしかなかったし、その中にはときどきの学界の流行に乗ったようなものもある。

とはいえ、私がこれまで東国武士を中心に中世前期の政治史の研究を続けてこられたのは、その成果を大きく日本の全体史の中に位置づけてくれる研究があらわれ、それが励みになったからである。

現在、私の研究を最も励ましてくれているのは元木泰雄氏である。その元木氏が、ちょうど本書の原稿をまとめあげた頃、『河内源氏――頼朝を生んだ武士本流』（中公新書）という新著を世に出された。「戦後歴史学」のパラダイムに基づいた理解に厳しく変更を迫る画期的な啓蒙書である。本書はそのわずか数ヵ月後に刊行されることになったわけであるが、これを奇貨として、この元木氏の御著書とあわせてお読みいただければありがたいと思う。

久しぶりに一書をなすことができて、とてもうれしい。それにしても、ここに至るまでに、多くの方々の御手を煩わせた。編集担当の並木光晴氏は、拙文を精読して数多《あまた》の不備の解消をはかるとともに、怠惰な私を叱咤激励して遂に上梓に漕ぎつけて下さった。菊地信義氏による装幀は流れるように美しい。また、私の所属機関の共同研究員である岩田慎平氏、ゼミメンバーの山本みなみさんからも御助力を得ることがあった。心から御礼を申し上げる次第である。

今年、私は還暦を迎えた。孫たちの成長を見守りながら、これからもしばらくは歴史学の世界を浮遊し続けたいと願うばかりである。

二〇二一年十一月十七日

恩師貫達人先生の三回忌の日に

野口　実

補章 「鎌倉殿」の必然性

河内源氏の京郊の拠点・父子の分業・直属郎等の坂東への配置・「鎌倉殿」成立の必然性など、二〇一二年に本書の原本が刊行されて以降、新たに気のついたことや、補足すべき点、また、あらためて強調しておきたいことを述べさせていただきたい。

1 丹波に進出していた河内源氏

源義朝の丹波国宇都庄

第一章で述べたように、源為義は庶子を列島各地に配置するという策を用い、これが結果的に地方武士勢力を基盤とした武家政権を生むことにつながった。とはいえ、あくまでも彼の活動の中心は京都にあった。だから、京都六条に本亭を構え、その直属武力の基盤は畿内・近国に置かれたはずである。彼は河内源氏の嫡流であるから、それを河内国内に求めることはたやすいし(1)、また義家の時代から郎等化した首藤《すどう》氏が席田郡《むしろだ》(岐阜県本巣市・北方町周辺）から出たことや、為義と「青墓の長者」との関係から美濃国に勢力を及ぼしていたことがうかがえる。[2]

ここでさらに付け加えたいのは丹波《たんば》である。長承二年（一一三三）九月、当時検非違使だった為義の郎等が丹波で多くの人を殺害したというが（『長秋記』十五日条）、彼の子息の一人為宗《ためむね》が丹波に住んで「丹波冠者《たんばのかじゃ》」と称したと伝えられることからすると（『尊卑分脈』）、これは彼が丹波国に活動拠点を設けていた事実を示すのだろう。[3]『平治物語』には「義朝の郎等、丹波国の住人しうち（志内）の六郎景住（景澄）」なる者が所見する（志内は現在の京都府船井郡京丹波町須知《しゅうち》に比定される）。そして決定的なのは、神護寺に伝えられた元暦二年（一一八五）正月十九日「僧文覚起請文」に、同国吉富庄内の宇都《うつ》郷（京都市右京区京北《けいほく》）が平治の乱以前は「左馬頭源朝臣義朝之私領」であったと見えることである（宇都郷は義朝の時代には宇都庄で、のちに吉富庄に加えられている）。[4]なお、のちに足利尊氏が討幕の挙兵をした地として知られる篠《しの》村（亀岡市篠町）も義朝の所領であった可能性が指摘されている。[5]篠村は京都から丹波へ抜ける二つの重要なルート（山陰道と唐櫃《からと》越《ごえ》）の通る要所である。

義朝は南坂東の勢力圏を維持するため鎌倉に拠点を置いて、これを長庶子の義平に委ね、自らは京都六条を本拠として在京活動を行ったが、その経済基盤は畿内近国各所（それも軍事的な要地）に置かれていたのである。

足利義清の丹波国矢田郷

一方、義国や義光流の河内源氏庶流についても、中世においては常陸の佐竹、甲斐の武田、あるいは上野《こうずけ》の新田《にった》、下野《しもつけ》の足利氏などとして坂東に展開したと理解されている。しかし、彼らも院政～平家政権下で「京武者」として存在したことは第二章1で述べたところであった。とすれば、嫡流家と同様に彼らも京都近郊に軍事・経済的な基盤を有していたはずである。義光流については内乱期に近江国で山本氏や錦織氏などが活動しており、彼らは宇多源氏系の佐々木氏が「近江源氏」と称されるのに対して、義光の通称（新羅三郎）から「新羅源氏」と呼ばれて、比較的よく知られる存在である。

後世、義光流の本流のように意識された武田氏（甲斐源氏）も、平家政権下で有義が在京して平重盛に祇候していた。(6)『尊卑分脈』によると、彼は「中宮侍長」の経歴があるが、中宮とは重盛の妹にあたる高倉天皇中宮平徳子《のりこ》であろう。治承四年（一一八〇）、甲斐に下向していた有義は父や兄弟たちとともに反平家の挙兵に加わった。これに対する平家の処分は、有義の京中宿所の門前に彼の妻子の頸を串刺しにして立てるという残虐なものであり（『山槐記《さんかいき》』同年十二月二十四日条）、翌養和元年正月、彼は左兵衛尉の官を解任されるのである（『玉葉』同月八日条）。

義国流では、保元の乱で義朝とともに活躍して、乱後、内昇殿をゆるされたものの早世した足利義康の子が、在京して八条院（暲子内親王）に祗候していたらしい（『尊卑分脈』）。義清（室町幕府の管領細川氏の祖）・義兼（室町幕府将軍足利氏の祖）の兄弟である。彼らは足利の名字で呼ばれることもあったが、平治の乱以降は本領のある下野に在国することは少なく、義清は治承四年五月の宇治合戦で源頼政の軍に加わって討たれたと伝えられたことがあった。平家の家人で検非違使を務めていた伊藤（藤原）忠綱の斬った四人のうちに「足利判官代《ほうがんだい》」源義清の名があったのだが、後にその頸が義清のものではなかったことが判明している（『山槐記』）。その後、義清は寿永二年（一一八三）七月、木曽義仲の上洛軍に従って丹波方面から入京し、同年閏十月の水島合戦で討死にしている。彼は『平家物語』に「矢田判官代」と記されていることなどから、その名字地を彼が伝領した下野国簗田御厨《やなだのみくりや》（栃木県足利市福富町周辺）など、足利に近い北坂東の地に比定するのが通説化しているが、じつは丹波国矢田郷（京都府綾部市八田）であったことが、近年、佐々木紀一氏によって明らかにされている[7]。寿永二年七月の源氏軍の入京に際して、義清が丹波勢を率いたのは当然の成り行きだったのである。

頼朝・頼家による分業の可能性

「西の平氏、東の源氏」という通俗的なイメージが定着しているせいか、内乱期の河内源氏は東国武士団の統率者のように理解されがちであるが、在京活動を旨とする「京武者」であった彼らにとって、京中の亭・宿所とともに京近郊に軍事・経済の拠点を置くことは絶対に必要だったのである。この点は、王権守護を身分表象とする地方「武士」一般も同様であり、そうした側面から、彼らの存在形態を考え直すことが求められよう。

河内源氏が在京・在地の分業を行っていたのは至極当然のことなのである。鳥羽院政期に南坂東に進出して鎌倉に拠点を置いた義朝は、鎌倉に長庶子の義平を置いて在地の勢力の維持に努めている。源氏庶流で北坂東に進出した足利・新田氏についても、須藤聡氏の研究によって、父子分業の事実が明らかにされている。(8) 頼朝も長女大姫の入内とともに頼家との分業を計画していたことは疑いない。

中世前期において地方武士が一族（父子・兄弟）内で在地・在京の分業体制をとっていたことは広く認められるところである。たとえば伊豆北条氏の場合、頼朝挙兵以前から在京活動を担っていたのは時政の弟とみられる時定、その後は子息の時房、さらに承久の乱後には、いわゆる六波羅探題が設置されるにいたるのである。(9) ちなみに、同じ伊豆の武士である天野遠景《とおかげ》が内舎人《うどねり》の官歴を持つのも在京活動の成果である。遠景はしばしば頼朝の命をうけて有力御家人の誅殺を担ったので、研究者から「殺し屋」と評されたこともあったが、「鎮西奉行」として平家滅亡後の占領軍政を担うほどの行政能力も示しており、それは在京活動によって得たものに負うところが大きかったはずである。(10)

2　坂東に配置された首藤氏諸流

山内首藤氏

東国における源氏家人をみると、それぞれ『吾妻鏡』や諸氏の家伝などでは頼義・義家以来の譜代性が述べられるが、それらはほとんどが後世の捏造・創作であり、譜代性を指摘できるのは義家・為義・義朝の時代に京都で編成され、郎等化した軍事貴族の子孫たちであった。第二章1で触れたように、その代表的な存在が首藤《すどう》氏の諸流であろう。(11)

首藤氏の祖は十一世紀後半の頃、検非違使や伊豆守に任じた佐藤公清《きみきよ》（秀郷流藤原氏系）の猶子となった資清《すけきよ》である。彼は美濃国の守部氏の出身で、東宮坊管下の主馬署《しゅめしょ》の長官である主馬首《しゅめのかみ》に任じたことから、子孫の系統は「首藤」氏と称されるようになったという。資清が源頼義の郎等となったことを皮切りに首藤氏は河内源氏と乳母《めのと》関係を通じて緊密な主従関係で結ばれることとなる。資清の子の資通は河内源氏の京都六条亭の近くに居所を設けていたという（『発心集《ほっしんしゅう》』）。

資通の子の通清は源義朝の乳母父《めのと》となり、遠江国鎌田御厨《かまだのみくりや》（静岡県磐田市鎌田）に所職を得て「鎌田権守」と称し、その子の正清が源義朝の乳兄弟、専一の郎等であったことは、『平治物語』でよく知られるところである。正清は平治の乱の際の除目《じもく》で左兵衛尉に任じられており、義朝の郎等とはいえ、彼もまた「京武者」の一員であった。
この正清の従兄弟にあたるのが山内《やまのうち》首藤氏の祖となる義通（通義）である。彼は源義朝から、鎌倉の背後に位置する相模国山内庄（鎌倉市山ノ内）に配置されたものと考えられる。しかし、彼の子や孫たちも在京して滝口に出仕し、刑部丞《ぎょうぶのじょう》や馬允《うまのじょう》を歴任している。

首藤氏系図

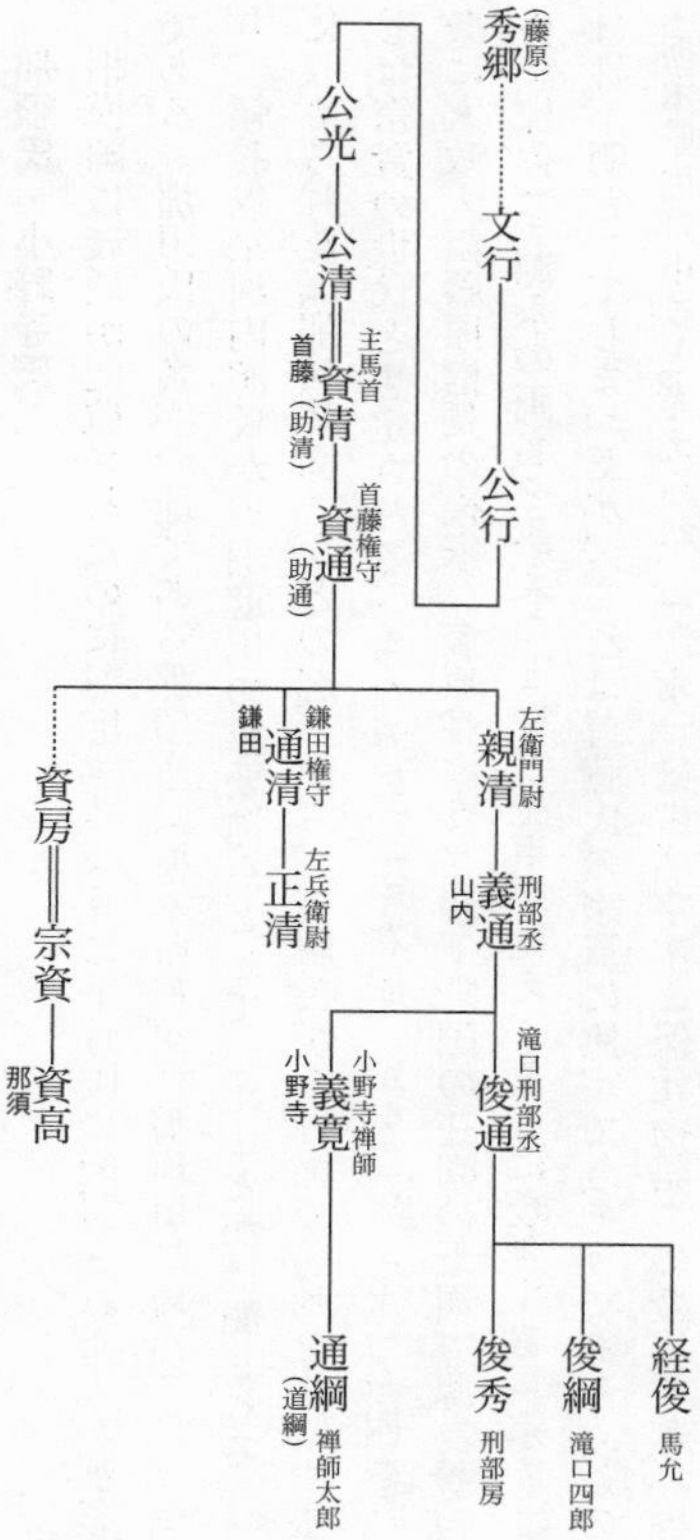

那須氏・小野寺氏

相模国に義通が配置されたのに対応するように下野国に配置されたのが那須氏と小野寺氏である。[12]那須氏の名字の地である那須庄（栃木県那須郡那珂川町周辺）は陸奥国に接しており、頼義以来河内源氏が奥羽進出の重要拠点としていたことが推測される。『続群書類従』に収められた『那須系図』などの記事から、首藤氏が下野国で活動を開始するのは資房ないしは宗資の世代と想定される。ちなみに、『中右記』永久二年（一一一四）八月三日以下の条に太政大臣藤原信長の後家（藤原長家女）が下野国の荘園の下司で源為義の郎等である宗佐（棟佐）・源永の両名を訴えたという記事が見え、ここに登場する「宗佐」を第二章1では姓不明としてしまったが、これは首藤氏の宗資に比定できそうである。この荘園は佐野庄（栃木県佐野市）と考えられ、「源永」は古活字本『保元物語』に登場する「佐野源八」と符合する。とすれば、もう一人の宗佐（ムネスケ）こそ那須「宗資」とみてよい。那須氏は陸奥との国境に配置され、その軍事的な役割は明確であろう。

一方、小野寺氏の場合は、その家名の示すように地方寺院の権威を利用する形での在地進出であったように思われる。すなわち、「小野寺」とは『伝教大師行業記《ぎょうごうき》』に最澄が法華経を書写・安置したと伝えられる「下野大慈寺《だいじじ》」にほかならず、小野寺氏の祖となった義寛は法体《ほったい》となって検校職を担うとともに、この寺に給された便補保《びんぽのほう》である小野寺保（栃木市岩舟町小野寺）の保司《ほうじ》をもつとめたからである。ちなみに、現在の岩舟町小野寺に所在する玄松山住林寺に伝えられた阿弥陀如来坐像の像内背部には造立の趣旨を記した敬白文が墨書されており、この像が寿永三年（一一八四）五月二十四日に完成したこと、結縁《けちえん》の輩（造像の主体）が「地主《じしゅ》大法師義寛　芳縁藤原氏乙娘」とその「一子嫡男　藤□（原）道綱」であることが分かる。

那須・小野寺両氏は下野守を歴任した義家以下の河内源氏嫡流によって配置されたものと考えられるのだが、首藤氏の中には義光流佐竹氏のテリトリーである常陸国に配置された一族もあったようである。久慈西郡岩瀬郷（茨城県常陸大宮市上岩瀬・下岩瀬）に進出した岩瀬氏である。(13)

鎌倉幕府成立にいたる東国武士団に対する理解は、平将門の乱以来、在地に根を張った武士たちが着々と力を蓄えて、そのエネルギーを統合した源頼朝が京都の王朝政府に対抗する武家政権を鎌倉に樹立するという図式で語られがちであるのだが、実のところ、将門の乱の頃に活躍した武士は中央に進出して軍事貴族化したものが多く、その子孫が河内源氏や受領《ずりょう》の郎等などとして東国に還流、在地化するというパターンもあった。将門を討った藤原秀郷の後裔であることをアイデンティティとする首藤氏はその典型的な存在であろう。

3　なぜ頼朝か、なぜ鎌倉か

木曽義仲と志太義広

東国の武士勢力が地域的な軍事権力を樹立するまでに要した時間に対する理解を相対化すべきであることを述べたが、その代表的な存在が三井寺《みいでら》僧宗円《そうえん》（右大臣藤原俊家の子）から発した宇都宮氏である。これも源義家が下野《しもつけ》への下向を懇請し、子孫が在地に展開したもので、河内源氏による「配置」の類例の中に位置づけてよいと思う(14)。義家系では義国の子孫が新田・足利氏となるが、平治の乱の起きた頃には義隆が相模国毛利庄（神奈川県厚木市）に進出していた。これは第二章3で述べたように、義朝との関係によるものであろう。また、注目されるのは、平治の乱で義朝が滅亡した後、それまで坂東とは一切関係を持った形跡の見られない頼清（頼義の弟）流の京武者である義宗（左兵衛少尉の官歴を持つ）が下総国相馬御厨（千葉県我孫子市周辺）の領主権に関わる係争に介入して在地の千葉氏に勝利した事実である(15)。鳥羽院政下、鎌倉を拠点に南坂東の武士たちを組織した義朝に対抗するために北坂東に下った弟の義賢がわずかの間に在地の勢力を糾合した事実を考え合わせると、地域的軍事権力の創出には階級的な積み重ねや時間は現象的にはあまり意味を持たないことが分かるだろう。ちなみに、頼朝の南坂東制圧の後に、これに対抗する形で常陸国で三万余騎という大勢力をもって挙兵した志太義広（義範）も義朝の弟であるが、守仁《もりひと》親王（後白河の皇子、のちの二条天皇）の帯刀先生《たちはきのせんじょう》（皇太子に仕える帯刀舎人の長）を務めていたためか(16)、保元の乱では為義に従っておらず、その坂東下向は平治の乱後のことと考えられる。

ところで、この義広は、養和元年（一一八一）あるいは寿永二年（一一八三）に起こった下野国野木宮《のぎのみや》合戦で頼朝方の勢力に敗れ、甥の木曽義仲に加わって上洛し、その後、政治的に孤立する義仲に最後まで従うこととなる。行家など義仲とともに平家を逐《お》って上洛した河内源氏の一族が後白河院と対立した義仲のもとを離れていく中で、ただ一人義広が去らなかった理由として考えられるのは、彼と義仲の父義賢の母が同じであり、家族的に親密な関係にあった可能性がみとめられることだけである（『尊卑分脈』）。ちなみに、伊藤邦彦氏は坂東で最大の勢力を有した上総広常が源頼朝の挙兵に応じたものの、その後の頼朝の行動に深く絶望し、従来から接触のあった志太義広を通して、木曽義仲との連合＝反頼朝包囲網の形成に動いたという興味深い仮説を提示している(17)。上総広常が滅亡する事情や野木宮合戦がいつ起こったのかなど、頼朝挙兵後の東国諸勢力の去就については、『吾妻鏡』寿永二年条の欠落などによって不明な点が多いのである。

頼朝の勝利は予期せぬ結末か

治承四年（一一八〇）、列島各地にあった河内源氏一門の武士たちが平家討滅の兵を挙げた。その中でとくに大きな勢力となったのが、頼朝と義仲、そして甲斐源氏であった。やがて、安田義定など甲斐源氏の一部は義仲とともに平家を逐って上洛を果たし、加賀美長清《ながきよ》ら別の一部は頼朝のもとに参向する。そして、頼朝の代官として西上した義経・範頼が義仲を討ち、平家を滅ぼすこととなる。さらに平泉藤原氏を討って奥羽を制圧した頼朝は、国家守護を担う唯一の軍事権門としての立場を確立するにいたるのである。

さて、こうして各地で蜂起した源氏の武士たちの中で、なぜ頼朝が勝者としてのこり得たのか、また彼は、なぜ鎌倉に本拠を置いたのかという問いに対して、今日、この時代の代表的な研究者である川合康氏と入間田宣夫氏は、それぞれ一般向けの書物の中で明快な見解を示している。

川合氏は、鎌倉幕府の成立を、「関東を中心とした反乱軍が相模《さがみ》国鎌倉に本拠地をおいたまま軍事的成長をとげ、唯一の「官兵」としてみずからを位置づけていく事態」であり、「治承・寿永の内乱」という未曾有《みぞう》の規模の全国的内乱の予期せぬ結末」と捉え、幕府が鎌倉に置かれたのは「予期せぬ結末」すなわち偶然の結果だと評価された(18)。一方、入間田氏は、なぜ頼朝かということについて、「治承・寿永内乱期（源平争乱期）においては、全国各地の地方豪族が、源平の貴公子を推戴して、自立の態勢（地域権力）をかたちづくり、ひいては天下取りのトーナメント・ゲームに参入する勢いを示していた」「義朝の嫡子ということで、頼朝に幾分有利な点はあったにしても、抜群に有利ということではなかったのである」「どこの豪族によって推戴される、どこの貴公子が、最終的な勝利者になっても、不思議ではない。鎌倉の幕府だけではない」と、これまた偶然の結果であるという理解を示されている。[19]

果たしてそうであろうか。私は、やはり鎌倉でなければならなかったし、頼朝でなければならなかったと考える。第二章1や第三章3で述べたように、頼朝は、木曽義仲をはじめとする諸国に分立した源氏と比較して、圧倒的に高いステイタスを有した経歴を持ち、王朝権力中枢に多くの人脈を有する存在であった。また第二章で述べたように、鎌倉には彼の父である義朝が、十二世紀半ばのある時期、在京活動によって院の近臣に連なりつつも、先祖伝来のこの地を拠点として、言わば「坂東の平和」を実現したという経緯があった。挙兵当初の頼朝が目指したのは、その再構築であり、平家政権の下で同族や近隣勢力との紛争にあえいでいた坂東の武士たちの、頼朝に対する期待もそこにあったものと考えられる。彼らは王権・国家守護を担うことを存在証明とする「武士」であり、荘園公領の在地支配者であった。その彼らが在来の支配関係を根底から破壊し、王朝社会の権威や秩序を乱すだけで、何をこれから作ろうとしているのかわからないような反乱者に嬉々として参向する道理はなかったであろう。

治承四年（一一八〇）、頼朝が坂東を制圧して鎌倉を本拠地とする条件は、すでに義朝によって用意されていたのである。『吾妻鏡』治承四年九月九日条の記す「源家中絶の跡を興さしめ給うの条、感涙眼を遮り、言語のおよぶ所にあらざる也」という、下総の老武士千葉常胤《つねたね》の言葉は、このような脈絡において理解されるべきだと思う。決して偶然などではなく、鎌倉を拠点とした頼朝であったればこそ、治承・寿永内乱の勝利者として、後に幕府と呼ばれるようになる国家的な軍事権力の構築が可能であった。私はそのように考えるのである。

注

(1) 元木泰雄「十一世紀末期の河内源氏」(古代学協会編『後期摂関時代史の研究』吉川弘文館、一九九〇年)
(2) 野口実『坂東武士団の成立と発展』(戎光祥出版、二〇一三年、初出一九八二年)、同『源氏と坂東武士』(吉川弘文館、二〇〇七年)
(3) 西村隆「平氏政権と源平争乱」(亀岡市史編さん委員会編『新修亀岡市史 本文編』第一巻、一九九五年)
(4) 『京都府の地名 日本歴史地名大系』第二六巻(平凡社、一九八一年)
(5) 前掲西村隆「平氏政権と源平争乱」
(6) 野口実「源平内乱期における「甲斐源氏」の再評価」(同『東国武士と京都』同成社、二〇一五年、初出二〇一一年)
(7) 佐々木紀一「矢田判官代在名・大夫房覚明前歴」(『米沢史学』第一七号、二〇〇一年)
(8) 須藤聡「平安末期清和源氏義国流の在京活動」(『群馬歴史民俗』第一六号、一九九五年)
(9) 野口実「伊豆北条氏の周辺―時政を評価するための覚書―」(京都女子大学宗教・文化研究所『研究

紀要』第二〇号、二〇〇七年）
（10）野口実「治承・寿永内乱にともなう鎌倉勢力の鎮西進出について」（京都女子大学宗教・文化研究所『研究紀要』第二八号、二〇一五年）
（11）野口実「藤原秀郷と秀郷流武士団の成立」（江田郁夫・簗瀬大輔編『中世の北関東と京都』高志書院、二〇二〇年）、同「「京武者」の東国進出とその本拠地について―大井・品川氏と北条氏を中心に―」（前掲同『東国武士と京都』初出二〇〇六年）
（12）野口実「宇都宮氏の成立と河内源氏―下野の武士団と京都権門―」（江田郁夫編『中世宇都宮氏　一族の展開と信仰・文芸』戎光祥出版、二〇二〇年）
（13）高橋修「「佐竹家人」岩瀬与一太郎考―その本領と出自をめぐって―」（『常陸大宮市史研究』第三号、二〇二〇年）
（14）野口実「下野宇都宮氏の成立と、その平家政権下における存在形態」（前掲同『東国武士と京都』初出二〇一三年）
（15）佐々木紀一「『平家物語』の中の佐竹氏記事について」（『山形県立米沢女子短期大学紀要』第四四号、二〇〇八年）
（16）元木泰雄『源頼朝　武家政治の創始者』（中央公論新社、二〇一九年）
（17）伊藤邦彦「上総権介広常」（同『鎌倉幕府守護の基礎的研究【論考編】』岩田書院、二〇一〇年、初出一九八一年〈原題は「上総権介広常について」〉）
（18）川合康『源平合戦の虚像を剥ぐ　治承・寿永内乱史研究』（講談社、一九九六年）
（19）入間田宣夫「藤原秀衡の奥州幕府構想」（上横手雅敬編『源義経　流浪の勇者　京都・鎌倉・平泉』文英堂、二〇〇四年）

学術文庫版あとがき

本書の原本（旧版）が世に出てからちょうど十年。このたび、定評ある講談社学術文庫に加えていただけたのは大変光栄なことである。しかし、旧版そのままでは心許ない。せっかくのチャンスであるから、校正漏れの修正や「序章」の時宜に即さない部分を削除して若干の字句を加えたり、難読な語句にルビを付する等のことだけでなく、いく分なりとも旧版刊行後の研究成果を加えさせていただこうと思いいたった。しかし、ここ十年ほどの間の私の研究の中で源氏に関係することといえば、源義朝が国守を重任した下野国における宇都宮氏や首藤氏流諸氏にかんする研究くらいであり、また論文にはまとめる機会がなかったが、為義以来の丹波国との関係が気になっていたので、それらを要約する形で「補章」という形をとらせていただくことにした。

もっとも、この十年の間に院政期から鎌倉幕府成立期にいたる時期の河内源氏に論及した研究の成果はいくつも一般に還元されている。とりわけ元木泰雄氏の『源頼朝——武家政治の創始者』（中公新書、二〇一九年）は、本書の内容も吸収された上で書かれており、旧版の「あとがき」でも述べたように、私の方こそ氏の論に依拠することが多大であるので、これまた併読をお願いしたいと思う。

元木氏も右記の本の「はじめに」で指摘しておられるが、近年にいたっても、中世成立期の公家と武家をことさら対立的に捉え、政治や社会の制度、身分秩序を踏まえることなく論じられることが繰り返されている。一部ではあろうが研究者においても室町・戦国期以降の武士社会に対する理解を前提に、院政〜鎌倉幕府成立期を考えてしまっているのである。自治体史の編纂などに関わっているときに痛感することだが、摂関期から鎌倉時代までは一つの時代として捉え、時代区分は、社会史的にも大きな変化のあったことの指摘されている南北朝期（十四世紀半ば頃）を境とする方がよいのではないかと思う。鎌倉幕府成立の画期性は相対化されるべきであり、そうすれば、武家政権としての平家にたいする不当な評価も克服されるのではないだろうか。

ところで、歴史叙述における女性の欠落はしばしば指摘されるところだが、本書においても同様である。とくにこの時代は女性にも財産権があり、家督の「後家」は夫の権力を継承した。義朝が鳥羽・後白河院に祗候した背景には、院近臣家の出である彼の正室の力が大きくあずかったし、その所生の娘は、夫となった一条能保とともに兄頼朝の政権確立の助けとなっている。武門源氏を構成したのは男性ばかりではなかったのである。付け足しのようではあるが、このことも銘記しておきたい。

また、『平家物語』における木曽義仲と今井兼平のエピソードでよく知られるように、当時は乳兄弟ないしは、乳母（夫）と乳母子の関係が極めて強かった。このことについても述べておく必要があったかも知れない。草創期の頼朝の権力を支えたのも乳母の関係者たちであったことは本文に触れたとおりだが、その事実はもう少し高く評価しておかなければならないと思っている。

本書の旧版が、本としての体裁を整えることが出来たのはひとえに中央公論新社の並木光晴氏のお力によるものである。本書は雑誌等に発表した小文をベースにしているのだが、一冊にまとめるにあたっては、書き下ろしに負けない、読み応えのあるものにしたいという編集サイドからの後押しを感じるものがあった。各章冒頭に「略伝」を配したのも並木氏の提案による。

文庫化にあたっては講談社の梶慎一郎氏のお世話になった。御依頼の電話をいただいたのは二〇二一年十月の下旬。その段階ですでに綿密なスケジュールを立ててくださっており、こちらも作業が進めやすかった。そして、何よりも本書に白羽の矢を立ててくださったことが嬉しかった。ハンディなサイズにまとめられたことによって、より多くの方たちに専門研究の一端に触れていただけるようになったことをありがたく思う。

ちょうど、文庫化の話が舞い込んだのと同じ頃、わが家の一員に加わった仔猫のヴィッキー（キジトラのスコティッシュ・フォールド）とともに刷り上がったばかりの本書が届くのを楽しみに新年を迎えようと思っている。

二〇二一年　師走

野口　実

KODANSHA

本書は、二〇一二年に中央公論新社より刊行された『武門源氏の血脈——為義から義経まで』を改題し、修正・加筆して文庫化したものです。

野口　実（のぐち　みのる）

1951年千葉県生まれ。青山学院大学大学院文学研究科史学専攻博士課程修了。文学博士。鹿児島経済大学社会学部教授，京都女子大学宗教・文化研究所教授などを経て，現在，京都女子大学名誉教授。著書に『坂東武士団の成立と発展』『武家の棟梁の条件』『中世東国武士団の研究』『伝説の将軍　藤原秀郷』『源氏と坂東武士』『東国武士と京都』『列島を翔ける平安武士』ほか。

講談社学術文庫

定価はカバーに表示してあります。

源氏《げんじ》の血脈《けつみゃく》
武家《ぶけ》の棟梁《とうりょう》への道《みち》

野口《のぐち》　実《みのる》

2022年３月８日　第１刷発行
2022年４月26日　第３刷発行

発行者　鈴木章一
発行所　株式会社講談社
東京都文京区音羽 2-12-21 〒112-8001
電話　編集（03）5395-3512
販売（03）5395-4415
業務（03）5395-3615

装　幀　蟹江征治
印　刷　株式会社ＫＰＳプロダクツ
製　本　株式会社国宝社
本文データ制作　講談社デジタル製作

ISBN978-4-06-527361-6

「講談社学術文庫」の刊行に当たって

これは、学術をポケットに入れることをモットーとして生まれた文庫である。学術は少年の心を養い、成年の心を満たす。その学術がポケットにはいる形で、万人のものになることは、生涯教育をうたう現代の理想である。

こうした考え方は、学術を巨大な城のように見る世間の常識に反するかもしれない。また、一部の人たちからは、学術の権威をおとすものと非難されるかもしれない。しかし、それはいずれも学術の新しい在り方を解しないものといわざるをえない。

学術は、まず魔術への挑戦から始まった。やがて、いわゆる常識をつぎつぎに改めていった。学術の権威は、幾百年、幾千年にわたる、苦しい戦いの成果である。こうしてきずきあげられた城が、一見して近づきがたいものにうつるのは、そのためである。しかし、学術の権威を、その形の上だけで判断してはならない。その生成のあとをかえりみれば、その根は常に人々の生活の中にあった。学術が大きな力たりうるのはそのためであって、生活をはなれた学術は、どこにもない。

開かれた社会といわれる現代にとって、これはまったく自明である。生活と学術との間に、もし距離があるとすれば、何をおいてもこれを埋めねばならない。もしこの距離が形の上の迷信からきているとすれば、その迷信をうち破らねばならぬ。

学術文庫は、内外の迷信を打破し、学術のために新しい天地をひらく意図をもって生まれた。文庫という小さい形と、学術という壮大な城とが、完全に両立するためには、なおいくらかの時を必要とするであろう。しかし、学術をポケットにした社会が、人間の生活にとってより豊かな社会であることは、たしかである。そうした社会の実現のために、文庫の世界に新しいジャンルを加えることができれば幸いである。

一九七六年六月　　野間省一

日本の歴史・地理

藤堂明保・竹田　晃・影山輝國訳注
倭国伝　中国正史に描かれた日本　全訳注
古来、日本は中国からどう見られてきたか。漢委奴国王金印受賜から遣唐使、蒙古襲来、勘合貿易、倭寇、秀吉の朝鮮出兵まで。中国歴代正史に描かれた千五百年余の日本の姿を完訳する、中国から見た日本通史。

2010

森田　悌訳
続日本後紀（上）（下）全現代語訳
『日本後紀』に続く正史「六国史」第四。仁明天皇の即位（八三三年）から崩御（八五〇年）まで、平安初期王朝社会における華やかな国風文化や摂関政治の発達を解明するための重要史料、初の現代語訳。原文も付載。

2014・2015

内藤　昌編著
城の日本史
記紀に登場する「キ」や「サシ」に城＝「都市」の淵源を遡り、中世〜近世の発達を解説。名城譜として全国二九の城の歴史的変遷、城郭の構成法、各要素の意匠と役割を、三百点以上の図版を交えて多角的に解説。

2064

石井　進著（解説・五味文彦）
中世武士団
平安末期から戦国期の終焉にかけて激動の時代を担った社会集団。「土」にねざした彼らの生活と意識、変容の過程、荘園や城下町の様子を、歴史書、文学作品、考古資料を駆使して活写する中世史研究の白眉。

2069

倉本一宏訳
藤原行成「権記」（上）（中）（下）全現代語訳
一条天皇や東三条院、藤原道長の信任を得、能吏として順調に累進し公務に精励する日々を綴った日記。宮廷の政治・儀式・秘事が細かく記され、平安中期の貴族の多忙な日常が見える第一級史料、初の現代語訳。

2084〜2086

田中健夫著（解説・村井章介）
倭寇　海の歴史
中世の東アジア海域に猛威を振るい、歴史を変革した海民集団＝倭寇。時の政治・外交に介入し、密貿易を調停し、国際社会の動向をも左右したその実像を、国境にとらわれない「海の視点」から、浮き彫りにする。

2093

《講談社学術文庫　既刊より》

足利健亮著
地図から読む歴史
地図に記された過去の残片から、かつての景観と人々の営みを大胆に推理する〈歴史地理学〉の楽しみ。信長の城地選定基準、江戸建設と富士山の関係など、通常の歴史学ではアプローチできない日本史の側面。

2108

慈円著／大隅和雄訳
愚管抄　全現代語訳
天皇の歴代、宮廷の動静、源平の盛衰……。摂関家に生まれ、仏教界の中心にあって、政治の世界を対象化する眼を持った慈円だからこそ書きえた稀有な歴史書を、読みやすい訳文と、文中の丁寧な訳注で読む！

2113

加藤祐三著
幕末外交と開国
日米双方の資料から、黒船に揺れた一年間を検証し、無能な幕府が「軍事的圧力」に屈して不平等条約を強いられたという「日本史の常識」を覆す。日米和親条約は、戦争によらない平和的な交渉の成果だった！

2133

横井　清訳（解説・藤田　覚）
新井白石「読史余論」　現代語訳
「正徳の治」で名高い大儒学者による歴史研究の代表作。古代天皇制から、武家の発展を経て江戸幕府成立にいたる過程を実証的に描き、徳川政権の正当性を主張。先駆的な独自の歴史観を読みやすい訳文で。

2140

石井寛治著
日本の産業革命　日清・日露戦争から考える
日本の近代化を支えたものは戦争と侵略だったのか？外貨排除のもとでの民業育成、帝国の利権争い、アジア侵略への道程を解析し、明治の国家目標「殖産興業」が「強兵」へと転換する過程を探る、劃期的な経済史。

2147

関　幸彦著
武士の誕生
古代の蝦夷との戦争が坂東の地に蒔いた「武の遺伝子」は、平将門、源義家、頼朝らによって育まれ、開花した。地方の「在地領主」か、都の「軍事貴族」か。「武士」とはそもそも何か。起源と成長をめぐる新視点。

2150